STÉPHEN KERCKHOVE

LE MEILLEUR DES E-MONDES

Résister à la 5G et à ses conséquences

Rue de l'échiquier

GREEN-BASHING

Avec le mépris souverain de celui ayant accepté de présider aux destinées de ce bas peuple français présumé irrationnel, Jupiter a tenté de clore le débat sur la 5G d'une formule qui en dit long sur le sentiment qui l'habite. S'opposer au déploiement de cette cinquième génération de téléphonie mobile équivaudrait à adopter le « modèle amish » et à revenir « à la lampe à huile ». Au débat contradictoire, le chef de l'État a préféré une bonne vieille caricature opposant les progressistes, enfants des Lumières et de la raison, aux tenants d'un grand bond en arrière…

Cette saillie présidentielle illustre à merveille ce goût de la *start-up nation*[1] pour la punchline définitive. Un tweet et puis s'en va ! Mais en grattant le vernis de cette suffisance mal placée, affleure rapidement la peur panique d'ouvrir enfin la controverse autour du type de société que dessinent la 5G et son e-monde.

Un e-monde fait d'algorithmes, de profilages et de surveillance généralisée, où les rapports humains sont conditionnés à l'omniprésence de prothèses communicantes, où les stimuli publicitaires permanents ne nous laisseraient aucun répit, épiant nos moindres faits et gestes, scrutant nos réactions pavloviennes pour mieux nous emprisonner dans sa toile extatique…

---

1 Arthur de Grave, *Start-up nation, overdose bullshit. Parce que c'est notre projet*, Rue de l'échiquier, 2019.

Mais ne nous y trompons pas. Emmanuel Macron n'est que la cerise sur le gâteau avarié. Depuis de nombreuses années, la téléphonie mobile et plus généralement les innovations technologiques sont considérées comme un sujet adémocratique. Le débat n'y a pas sa place. Seule une poignée d'ingénieurs télécom, d'informaticiens et d'investisseurs sont admis à penser ces innovations qui pas à pas engendrent un bouleversement profond de notre rapport au monde.

Par facilité et tranquillité, ce quarteron défend jalousement son monopole technique quitte à caricaturer l'amish du jour. Ainsi, cette citadelle imprenable coproduit du «politique» sans accepter que des citoyens puissent interroger le bien-fondé de ce progrès technoscientifique présumé bénéfique.

La 5G n'échappe pas à cette loi implacable. À la stupeur des opposants, peu de réponses sont apportées par les promoteurs de cette supposée «révolution» quant à l'usage attendu. Avec une facilité déconcertante, il suffit de survendre une mise à jour d'un standard de communication pour qu'il acquière dans l'instant le statut de totem. La 5G serait un progrès et à ce titre deviendrait inattaquable. Pire, renoncer ou temporiser pour évaluer la pertinence de ce soi-disant «progrès» reviendrait à prendre du retard... Dans ce monde frénétique assujetti à la dictature de l'immédiateté mélangeant vitesse et précipitation, ce retard a tôt fait d'être associé à un déclassement, à une relégation, et finalement à une exclusion de la mondialisation heureuse. La 5G est en cela unilatérale. Elle n'est pas seulement à prendre ou à laisser; la refuser nous conduirait tout droit sur les chemins périlleux du sous-développement.

La justification de la 5G devient en cela d'ordre tautologique. Il faut la 5G car il faut la 5G... L'utilité sociale, son impact climatique, ses conséquences sanitaires sont des questions qui, dans cette configuration, n'ont aucun sens pour les technolâtres. Jamais la césure n'aura été aussi grande entre promoteurs de la 5G et écologistes, ceci expliquant sans doute l'agressivité du chef de l'État, ne supportant plus ce crime de lèse-majesté, cette remise en cause de la toute-puissance technocratique.

Il est pourtant vital que nous puissions enfin nous pencher sérieusement sur les impacts de la 5G et mettre à distance certains acteurs économiques multipliant les énoncés performatifs et autres arguments d'autorité qui s'apparentent trop souvent à de simples publicités déguisées, mensongères dans un certain nombre de cas.

Car aussi étonnant que cela puisse paraître, la procédure d'attribution des fréquences 5G accordée par le gouvernement en novembre 2020 a été conduite en dehors de toutes évaluations environnementales et sanitaires sérieuses. Malgré la mobilisation de très nombreux organismes étatiques, de l'Agence nationale de sécurité sanitaire de l'alimentation, de l'environnement et du travail (ANSES), en passant par l'Agence de l'environnement et de la maîtrise de l'énergie (ADEME), l'Agence nationale des fréquences (ANFR) ou encore le Haut Conseil pour le climat, le gouvernement n'a pas cru bon d'attendre le résultat des expertises engagées. Une nouvelle fois, cette façon de faire révèle son mépris pour ses propres agences, considérant la saisine des instances d'évaluation comme un simple passage obligé, un vulgaire obstacle à franchir avant d'accorder aux opérateurs de téléphonie mobile les fréquences tant désirées.

De ce fait, le gouvernement multiplie les approximations et contre-vérités, préférant reprendre sans distance les arguments des opérateurs et des équipementiers plutôt que de s'appuyer sur les agences étatiques et les rapports officiels. Ceci est d'autant plus regrettable que ces rapports font montre d'une inquiétude légitime pour qui sait lire entre les lignes.

C'est ainsi qu'en janvier 2020, l'ANSES a rendu public un rapport intermédiaire dans lequel elle reconnaît son incapacité à évaluer les effets sanitaires des ondes électromagnétiques de la 5G, peu ou pas étudiées. Et de demander benoîtement à son autorité de tutelle du temps supplémentaire pour conduire une expertise rigoureuse… Délai que le gouvernement s'est fait un plaisir de ne pas lui accorder. En résumé, le gouvernement assume implicitement le fait qu'une absence d'études équivaudrait à une absence d'effets…

Des conséquences sanitaires sont pourtant suspectées par un nombre sans cesse croissant d'experts. L'arrivée de la 5G se traduira par un triplement du nombre d'antennes relais et par une augmentation de près de 30 % du niveau de champs électromagnétiques. Le nombre de points atypiques au sein desquels l'exposition est considérée comme forte, voire très forte, pourrait croître de 50 %. Pire, l'addiction au numérique va vraisemblablement s'amplifier. Alors même qu'un adolescent âgé de 13 à 18 ans passe déjà 6 h 40 par jour devant un écran, il y a fort à craindre que l'arrivée de la 5G finisse d'entraîner cette génération dans le gouffre numérique et ses multiples bulles cognitives. Mais de tout cela, il ne faut parler de crainte de mettre en évidence une nouvelle forme de maltraitance infantile mêlant insomnie, hyperactivité, infobésité, myopie, etc. Sans évoquer les effets psychosociaux d'une mise en scène permanente suscitée par les réseaux sociaux.

La 5G pose aussi de sérieuses questions quant à notre aptitude à répondre enfin sérieusement à la crise climatique. Loin des plaidoyers *pro domo*, il apparaît désormais évident que ce nouveau standard de communication va nous conduire à augmenter annuellement les émissions de gaz à effet de serre du secteur du numérique de 8 %, là où nous devrions les baisser année après année de 5 %. D'ici à 2025, le secteur du numérique approchera les émissions de CO_2 du parc automobile mondial.

Et il y a pire ! Selon certains équipementiers, d'ici à quelques années, ce sont plusieurs dizaines de milliards d'objets connectés qui seront commercialisés. Or, 80 % de l'énergie consommée l'est au cours de la fabrication de l'objet. Composés de métaux rares, ces objets connectés, en plus d'être de véritables mouchards numériques, vont banaliser l'extractivisme et accélérer la course vers le précipice écologique.

Car le modèle économique de la 5G ne repose nullement sur les quelques usages mis en avant par les opérateurs pour détourner l'attention des consommateurs. La télémédecine ou la robotisation des centres logistiques ne peuvent sérieusement justifier le déploiement de dizaines de milliers d'antennes relais et des investissements de plusieurs milliards d'euros. En revanche, la 5G est la pièce maîtresse permettant d'offrir des débits suffisants pour tracer, collecter et monétiser à tout va les données personnelles de chacun. De la couche connectée au grille-pain « intelligent », du frigo communicant à la serrure numérique, chaque ustensile du quotidien collectera des données afin de profiler insidieusement chaque individu… Ou quand la société de consommation convole en justes noces avec la société du spectacle pour enfanter la société de surveillance.

Car au monde des objets connectés fera immédiatement écho la vidéosurveillance avec reconnaissance faciale qui requiert des débits que seule la 5G peut offrir. En Chine, les caméras de vidéosurveillance représenteraient 70 % des objets connectés en 5G. Caméras permettant d'attribuer une note sociale à chaque individu en fonction de son comportement et d'identifier les éventuelles déviances…

Espionnés jusque dans nos maisons, nous le serons également dans l'espace public. Mais comme le veut la formule, lorsqu'on n'a rien à cacher, pourquoi s'inquiéter ?

Le monde rendu possible par cette 5G est un choix de société qui nécessiterait un débat public pluraliste, contradictoire et transparent. Au lieu de cela règnent le passage en force et la morgue de politiciens inaptes à penser un avenir qui ne soit pas la répétition *ad nauseam* des erreurs des trente glorieuses et des cinquante gaspilleuses.

L'heure est pourtant venue de refuser avec détermination cette fuite vers l'abîme. En soutenant les associations mobilisées, en s'engageant localement afin d'interpeller les élus de proximité ou encore en organisant débats publics et blocages de chantiers afin d'obtenir ce qui nous est dû : une planète vivable !

FAR WEB : L'ASSAUT DE L'E-MONDE

La dix-huitième édition du *Baromètre du numérique*[2], publiée par le ministère français de l'Économie et des Finances, ne laisse aucune place aux doutes : notre société est sous l'emprise du mobile. Ainsi, 91 % des enfants âgés de 12 à 17 ans se connectent tous les jours à internet, cette proportion s'élevant à 98 % pour les 18-24 ans. Les trois quarts d'entre eux utilisent leur portable pour ce faire. Et cette addiction est tout à la fois soudaine et massive. En moins de cinq ans, l'attrait du portable a plus que doublé.

Cette accoutumance n'est pas sans incidence sur notre rapport au monde. Un autre baromètre, publié par l'université Paris-Dauphine, rapporte que lorsqu'ils prennent le bus, 52 % des usagers jettent un œil au paysage quand plus de 56 % des 15-34 ans préfèrent regarder leur portable. Chiffres d'autant plus inquiétants qu'ils datent de 2015 et que le caractère hypnotique du mobile s'est vraisemblablement généralisé ces dernières années. Une étude publiée par une entreprise spécialisée dans les applications a mis en évidence le fait que certains internautes touchaient leur écran en moyenne 2617 fois par jour ; 109 fois par heure, vingt-quatre heures sur vingt-quatre[3]. L'un des participants à l'étude a même réussi à interagir avec son doudou communicant 5427 fois… soit plus de 5 fois par minute, en présupposant que ce toxicomane du portable s'assoupisse au moins sept heures par jour. La place prise par cette prothèse numérique n'a plus rien de commun avec aucun autre objet

2 https://www.entreprises.gouv.fr/fr/numerique/ressources/barometre-du-numerique-2019

3 https://blog.dscout.com/mobile-touches

créé par l'homme. Elle remplit littéralement nos vies et notre imaginaire.

Mais pour les professionnels du secteur, opérateurs et équipementiers en tête, cette « mobilemanie » peut et doit être amplifiée. Les rêveries d'un promeneur solitaire sont l'ennemi à combattre.

Cinq générations de réseaux mobiles se sont succédé depuis la fin des années 1980. Le Radiocom 2000 ou le Bi-bop ont laissé place au bon vieux GSM qui marquera réellement le début du téléphone mobile grand public. La possibilité de transmettre des données, en plus de la voix, signe l'arrivée de la 3G, suivie de la 4G et du smartphone, véritable couteau suisse de l'homme moderne, capable d'exploits dans le cyberespace, mais frappé d'infirmité sociale grandissante dès qu'il n'a plus sur lui son deuxième cerveau.

Parée de toutes les vertus, la 5G est appelée à révolutionner notre monde connecté. En mouvement perpétuel, l'industrie du numérique érige la nouveauté en valeur cardinale, quitte à passer sous silence les effets climatiques, énergétiques et sanitaires de cette fuite en avant. Sommés d'intérioriser ce rythme effréné, nous devrions nous esbaudir devant ce qui n'est finalement qu'une énième mise à jour d'un logiciel profondément vicié. Car en réalité, aller plus vite quand nous courons déjà à notre perte, accélérer le pas pour nous fracasser sur le mur climatique n'est sans doute pas la preuve d'une très grande lucidité.

Soit, la 5G, cinquième génération de téléphonie mobile, nous permettra d'accéder à des débits dix fois supérieurs et un temps de latence tendant à la simultanéité entre l'émetteur d'un message et son destinataire. Nous aurons tout loisir de télécharger un film ou l'intégralité d'une série en quelques secondes et demain millisecondes. Cette compulsion des temps présentée comme la manifestation d'une certaine forme de modernité est en fait une construction mentale que seule la publicité est à même d'instaurer comme une norme. Car en définitive, une fois que nous aurons atteint le Graal absolu en écrasant la notion même de durée dans une immédiateté close sur elle-même, que ferons-nous de ce temps gagné ? Nous téléchargerons deux séries, puis trois, et après ? Une fois que nous aurons mis à distance la notion même de frustration pour jouir sans entraves, serons-nous pour autant plus heureux ? Heureux d'aller vite, nous nous asséchons en occultant ce besoin vital d'ennui que certains considèrent comme un « temps mort ».

Mais parce que trop n'est jamais assez et ailleurs jamais assez loin, les partisans d'un progrès réduit à sa seule dimension technoscientifique appréhendent la 5G comme l'outil mis au service d'une accélération du monde. Depuis 2017, le trafic mobile a plus que doublé. Entre 2015 et 2025, nous allons assister à une multiplication par mille des débits. Jouer à Flight Simulator, logiciel de simulation de vol, requiert près de 150 gigaoctets d'espace disponible. À comparer avec les 70 octets nécessaires à l'accomplissement d'une mission Apollo. Un petit pas pour *Homo numericus* mais un bond de géant vers le précipice écologique… S'envoyer en l'air grâce à un simulateur mobilise deux milliards de fois plus de données qu'il y a un demi-siècle. Nous assistons ici à une course folle amenant l'industrie du numérique à exiger une augmentation toujours plus importante de sa dose quotidienne de données, conduisant les opérateurs à accroître la taille de la seringue.

Des dizaines de milliers d'antennes relais nous permettront demain d'échanger des données à très haute fréquence. Est évoquée ici la possibilité, grâce à la 5G, d'interconnecter plus d'un million d'objets communicants par kilomètre-carré… Rien qu'en 2020, ce sont 50 547 antennes relais qui ont été modifiées ou installées sur le territoire hexagonal. La 5G a vocation à émettre principalement sur trois bandes de fréquences : les bandes déjà affectées à la téléphonie mobile (700 MHz, 2 100 MHz…), une bande de fréquences de 3,5 à 3,8 GHz et demain des fréquences de 26 GHz. Cette dernière partie du spectre électromagnétique n'a jamais été utilisée par la téléphonie mobile.

Après une procédure d'enchères sans suspens expédiée en quelques jours, les quatre opérateurs français ont déboursé la modique somme de 2,789 milliards d'euros – à comparer avec les 6,5 milliards payés par les opérateurs italiens et les 6,55 milliards en Allemagne… Comme pour la privatisation des autoroutes, l'attribution des fréquences 5G s'est apparentée à une grande braderie du patrimoine public. D'autant que les opérateurs ont vu leur « portefeuille » de fréquences augmenter de 34 % avec cet allotissement. Les quatre précédentes générations de mobile utilisent 593 MHz répartis sur quatre bandes de fréquences[4]. Les dernières enchères, accordant pour quinze ans les fréquences de la bande cœur de la 5G, représentent 310 MHz.

Et puisque s'arrêter, c'est mourir, certains pensent déjà à la 6G ou à l'internet par satellite. Les milliardaires de la Silicon Valley, Elon Musk et Jeff Bezos en tête, s'apprêtent à polluer le ciel après avoir détruit la Terre. Les uns après les autres, ils obtiennent des autorisations pour envoyer 10000, 20000, 40000 satellites qui nous apporteront une connexion illimitée partout tout le temps. Guerre aux temps morts ! Guerre à celles et ceux qui souhaitent vivre sans une exposition chronique aux ondes électromagnétiques, qui aspirent à la déconnexion passagère ou totale, qui aimeraient encore pouvoir jeter un regard sur cette quatrième dimension cosmique qu'est le ciel étoilé. Encombré de milliers de satellites brillant et tournant autour de la Terre à des altitudes de 500 à 1500 km, le ciel de demain ne sera plus une fuite vers l'imaginaire, mais une prison dorée avec ces rais de lumière.

---

4 www.arcep.fr/fileadmin/cru-1608655231/reprise/dossiers/frequences/attributions-frequences-operateurs-mobiles-metropole-novembre2020.pdf

En attendant, la 5G nous ouvre la voie de ce paradis artificiel. L'emprise numérique est chaque jour plus prégnante. S'en affranchir revient à prendre le risque de se marginaliser d'un monde en accélération constante. De gré ou de force, la 5G sera notre horizon. Tel est le choix incontestable de celui qui préside à nos destinées. Notre bon prince en a décidé ainsi.

Ce nouveau standard de communication viendra progressivement s'ajouter aux précédentes générations de téléphonie mobile. Plus rapide que la 4G avec un temps de latence réduit d'un facteur dix, la 5G est supposée ouvrir la porte à de nouvelles innovations, de la voiture autonome en passant par l'internet des objets, la réalité augmentée, tout en accompagnant l'explosion du streaming et des jeux en ligne.

Dès 2015, l'Union internationale des télécommunications a défini l'IMT-2020, petit nom de la 5G, appelé à prendre le relais de l'IMT-Advanced, la 4G. Recourant à des radiofréquences dont la longueur d'onde varie entre un centimètre et un millimètre, la 5G tente un exercice délicat car si celles-ci permettent des débits très importants, leur signal se perd très vite. Paradoxalement et contrairement à ce que suppose le terme de « mobile », trois quarts des usages du portable ont lieu à domicile. Or, l'intérieur d'un bâtiment, avec ses murs en béton, ses parkings et ses ascenseurs, brouille la pénétration des ondes. Pour accompagner cette évolution des usages, les opérateurs pourraient être appelés à développer un maillage antennaire constitué de *macrocells*, des stations de base traitant de grosses quantités de données situées sur le toit des immeubles ou sur d'immenses pylônes, et des *smallcells* de moindre puissance mais beaucoup plus nombreuses, couvrant des zones plus petites.

Avec l'introduction d'une 5G fonctionnant avec une fréquence de 26 GHz, l'équilibre portée/débit est rompu. En assurant d'excellents débits (jusqu'à 1 Gb/s), une simple vitre ou un arbre est susceptible de perturber le signal. Or, la 5G vise à mettre en relation des milliards d'objets connectés.

Pour contourner cet obstacle technique, les opérateurs déploieront un réseau de *smallcells* d'une densité jamais vue. Selon toute vraisemblance, des dizaines de milliers d'antennes seront ainsi disséminées, principalement en zone urbaine dense, sur les feux rouges, les éclairages publics, les arrêts de bus, les panneaux publicitaires ou les bouches d'égout. Certains opérateurs espèrent également une contribution active des clients en transformant leur box internet en mini-antenne relais. Dans *Faut-il avoir peur de la 5G ?*, Guy Pujolle relève qu'« à partir de 2021, les opérateurs de télécommunication devraient déployer 20 millions d'antennes au domicile des utilisateurs, en les ajoutant dans les box internet ou dans un nouveau boîtier beaucoup plus évolué et apte à rendre de nombreux services commandés par la voix. [...] ceux qui refuseraient aux autres l'accès à leur cellule n'auraient pas le droit de se connecter sur les millions de petites cellules de leur opérateur[5] ».

La 5G a d'autres conséquences, notamment en matière d'exposition due au fonctionnement des antennes relais. Comme le rappelle Olivier Merckel, chef de l'unité d'évaluation des risques liés aux agents physiques de l'ANSES, « la 5G conduira à de nouvelles modalités d'exposition. Avec la 2G, la 3G, la 4G, on est dans une forme de stabilité de l'exposition dans l'environnement, alors que la 5G, avec ses antennes que l'on appelle actives, va permettre de cibler un utilisateur et donc de l'exposer en contrepartie de façon beaucoup plus élevée. [...] Les utilisateurs seront exposés beaucoup plus effectivement, le temps d'un

5 Guy Pujolle, *Faut-il avoir peur de la 5G ?, Tout savoir sur le réseau de demain*, Larousse, 2020.

téléchargement de film par exemple, mais comme il y aura plus de débit ça durera moins longtemps[6] ».

Autant d'interrogations sans réponses et de doutes en suspens puisqu'en matière d'évaluations environnementales et sanitaires, les pouvoirs publics optent trop souvent pour l'attentisme.

6 www.franceinter.fr/emissions/la-terre-au-carre/la-terre-au-carre-26-fevrier-2020

LE MOBILE… DU CRIME

Pour qui garde un léger traumatisme de ses cours de chimie et de l'étude du tableau périodique des éléments, ce chapitre risque de raviver des heures difficiles. L'analyse de la composition des différentes parties d'un portable s'apparente en effet à un voyage au pays de Mendeleïev. Un iPhone est constitué de 45 métaux différents et la fabrication d'un smartphone nécessite 70 matériaux, les métaux représentant 40 à 60 % du poids de l'appareil[7]. Néodyme, gallium, lithium, cuivre, argent, antimoine, cobalt… Cette longue liste de métaux et terres rares a pour corollaire un extractivisme qui pollue de vastes espaces tout en réduisant au statut d'esclaves des dizaines de milliers de mineurs dans les deux sens de ce dernier terme.

Cette souillure des terres et des hommes est le prix de notre addiction aux prothèses techniques; notre mauvaise conscience est bien vite enfouie, étouffée par notre compulsion d'achat. La misère de celles et ceux qui s'intoxiquent quotidiennement pour extraire ces ressources précieuses ne doit pas interférer avec la modernité 2.0. Le numérique est une économie de la donnée, d'un cloud impalpable, d'innovations permises par les milliardaires de la Silicon Valley. Mais la révolution du net est loin d'être immaculée. Le rêve des uns est le cauchemar des autres. Derrière l'écran et ses applications ludiques se cache une réalité moins reluisante : celle des enfants creusant jour et nuit des galeries dans des conditions de vie qui confinent à l'enfer sous terre.

---

7 www.insee.fr/fr/statistiques/4238589?sommaire=4238635

Loin du monde virtuel supposé être le fruit du cerveau évolué de startupers géniaux, l'industrie du numérique dépend de matières premières rares dont l'extraction est des plus polluantes. Avant d'être cette économie de la donnée reposant sur des mines d'informations, le numérique doit son succès à des mines d'une autre nature que l'on cherche à gommer de l'imaginaire collectif.

La 5G est, pour les marchands de portables et de babioles communicantes, une véritable aubaine. Un utilisateur renouvelle en moyenne son portable tous les deux ans alors même que celui-ci fonctionne encore dans 88 % des cas.

La 5G est ainsi un relais de croissance inespéré : l'obsolescence est endogène à la généralisation de la 5G. Pour accéder aux débits promis par les opérateurs et les équipementiers, il faudra nécessairement changer de portable ! Sous couvert d'innovation, nous assistons ici à une vaste opération marketing dont l'ambition est d'accélérer, par la mise en œuvre d'une stratégie d'obsolescence programmée, le renouvellement de l'ensemble du parc de mobiles, soit plusieurs milliards de portables dont la mise au rebut sera accélérée. Ce renouvellement est vital pour la filière de la téléphonie mobile alors que le marché du smartphone pourrait afficher un repli historique avec une baisse des ventes catastrophiques pour l'industrie. « Pire », la durée de vie d'un portable aurait, selon certaines études, tendance à s'allonger, en moyenne d'un mois. Sans en tirer de conclusions hâtives, l'intérêt de la 5G ne réside peut-être pas là où on le pense. Le client, à qui les opérateurs vendent du rêve, est avant tout une cible marketing : il s'agit de lui faire croire que son portable est ringard. Pour ce faire, les quatre principaux opérateurs et les équipementiers dépensent chaque année près d'un milliard d'euros en budget publicitaire afin de rendre vital demain ce qui était inutile hier. Entre les multiples injonctions quotidiennes à préserver la planète et la pression publicitaire qui banalise l'excès et la destruction de la nature, le fossé se creuse. Mais c'est ainsi : le modèle économique actuel ne repose que sur la prédation des ressources naturelles tout en gommant les externalités négatives. La 5G est peut-être la goutte d'eau contaminée qui pourrait faire déborder le vase.

En attendant, une culpabilité lancinante se diffuse chez les *millennials*. Changer un portable au bout de dix mois par pur effet de mode est en passe de devenir un marqueur politique vous classant du mauvais côté de l'Histoire, parmi les responsables du crime climatique.

Conscients de ce « risque », les opérateurs multiplient les campagnes publicitaires, se présentant comme d'utilité publique. Avant chaque période d'intense activité commerciale dont l'objectif est d'inciter le consommateur à jeter un outil qui fonctionne encore, le lobby multiplie les invites à recycler. Que ces messages n'aient aucune incidence sur le taux réel de recyclage qui plafonne depuis des années à 15 % importe peu. L'enjeu réside dans cette volonté de distiller un message déculpabilisant.

Une situation qui inquiète les sénateurs, pourtant peu susceptibles de verser dans l'*amish attitude*. Dans un rapport intitulé « 100 millions de téléphones portables usagés : l'urgence d'une stratégie », la Haute Assemblée affirme qu'« en l'absence de recyclage, plusieurs matériaux présentent une toxicité potentielle, comme le béryllium, l'antimoine, l'arsenic, le plomb, le gallium et certaines terres rares. Les retardateurs de flamme bromés posent également des problèmes environnementaux, aussi bien incinérés, à cause de la production de gaz, qu'enfouis, en raison de substances organiques produites lors de la décomposition de longue durée[8] ».

8 www.senat.fr/rap/r15-850/r15-8501.pdf

La réalité est donc très éloignée du *greenwashing* publicitaire. Moins de 18 % des déchets d'équipements électriques et électroniques sont réellement collectés et recyclés. Mais même une fois ces déchets collectés, le processus de recyclage demeure une étape délicate et très souvent énergivore. À titre d'exemple, moins de 1 % du lithium, du baryum, de l'yttrium, du gallium, de l'indium, de l'arsenic ou du bismuth est retraité. On est loin, très loin des messages rassurants de l'industrie du numérique.

Comme le rappelle Philippe Bihouix dans son ouvrage *L'Âge des low tech*, « dans l'immense majorité des cas, les applications sont dispersives : il s'agit bien d'incorporer des particules de métaux dans des produits sans espoir aucun de recyclage[9] ». Et avec l'assurance d'une contamination, à terme, des milieux écologiques…

Durant l'ensemble de son cycle de vie, ainsi que l'explique Guillaume Pitron, « les technologies "dématérialisées" ne sont pas seulement consommatrices de matières ; elles sont surtout en voie de constituer l'une des plus vastes entreprises de matérialisation jamais engagées[10]. » L'internet des objets est avant tout une industrie polluante et extractiviste. Les deux grammes d'une barrette de mémoire nécessitent 32 kilogrammes de matières premières.

Sans attendre une éventuelle prise de conscience de consommateurs influencés par la publicité, il y a lieu de rappeler que cette prédation de ressources non renouvelables crée dès à présent des tensions géopolitiques réelles. Les métaux et terres rares sont, comme le pétrole ou le gaz, concentrés dans les sous-sols de quelques pays. L'Asie, l'Afrique et l'Australie sont les principaux fournisseurs de ces composants vitaux sans lesquels l'industrie du numérique s'effondrerait immédiatement.

---

9 Philippe Bihouix, *L'Âge des low tech. Vers une civilisation techniquement soutenable*, Seuil, 2014.

10 Guillaume Pitron, *L'Enfer numérique. Voyage au bout d'un like*, Les Liens qui libèrent, 2021.

Or, l'épuisement des ressources naturelles guette également l'industrie du numérique. « Le numérique engloutit une large part de la production mondiale de petits métaux aux exceptionnelles propriétés chimiques : 15 % du palladium, 23 % de l'argent, 40 % du tantale, 41 % de l'antimoine, 42 % du béryllium, 66 % du rythénium, 70 % du gallium, 87 % du germanium, et même 88 % du terbium[11]. » De surcroît, Philippe Bihouix et Karine Mauvilly ajoutent que « les nouvelles mines de cuivre contiennent un minerai à 0,5 % de concentration (5 kilogrammes par tonne), contre 3 % dans les années 1930, 10 % au XIXe siècle et 15 % dans l'Antiquité[12] ».

Quelles que soient nos illusions « destructivistes », ce monde fait d'objets connectés et d'intelligences artificielles est une construction idéologique qui ne pourra croître sans fin. Les limites physiques d'une planète polluée demeurent non négociables.

11 *Ibid.*

12 Philippe Bihouix et Karine Mauvilly, *Le Désastre de l'école numérique. Plaidoyer pour une école sans écrans*, Seuil, 2016.

CHAUD *MUST GO ON* ?

Tenter de recenser l'ensemble des petites phrases et grands discours sur le climat, déclamés avec la foi des nouveaux convertis par nos responsables politiques, est un travail tout à la fois vain et fastidieux. Une encyclopédie n'y suffirait pas. Depuis le discours fumeux de Jacques Chirac à Johannesburg en 2002 à l'occasion du sommet de la Terre s'est disséminé un verbiage dont la grandiloquence cache mal la faiblesse de l'action. Comme le disait feu Jacques Chirac, « notre maison brûle », et en regardant ailleurs, nous décelons une armée de pompiers pyromanes qui brassent du vent, au risque d'amplifier l'incendie !

Face à la légitime inquiétude de l'opinion publique, le statu quo n'est plus une option. Ces politiciens allégés en radicalité jouent leur va-tout en tirant les grosses ficelles d'une stratégie communicationnelle simulant l'ambition politique. En façade, chacun y est allé de son discours « historique » supposé régler par des paroles les maux climatiques. La forme plutôt que le fond. Dans ce feu d'artifice, au sens littéral du terme, le monde politicien n'est jamais à court d'idées. Un rapport, un référendum modifiant la Constitution ou un objectif de neutralité carbone non contraignant applicable en 2040 sont quelques-uns des outils à la disposition de ces nihilistes climatiques.

De fait, qui ose aujourd'hui encore remettre à après-demain ce que nous aurions dû enclencher avant-hier ne peut qu'être classé dans la catégorie des responsables du chaos climatique. Car le constat est alarmant. L'emballement climatique est une réalité dont nous n'arrivons pas à mesurer précisément les effets. Mois après mois, notre planète bat des records de température. Jamais, durant ces 800 000 dernières années, la concentration de CO_2 n'a été aussi élevée. Depuis le début de la révolution industrielle, la température a augmenté de 0,85 °C. Cela correspond, pour un humain, à une température corporelle qui atteindrait 39 °C. Nous vivons sur une planète atteinte de fièvre climatique. Si rien n'est entrepris immédiatement, la hausse pourrait atteindre 4,8 °C, soit une fièvre voisine de 48 °C… Nous n'avons d'autre choix que celui d'agir avec détermination dans le temps et dans l'espace.

Face à ce constat implacable, nos *responsables* politiques ont choisi la fuite en avant. En dignes héritiers de l'ancien président des États-Unis Georges Bush qui, durant le sommet de Rio en 1992, affirmait que le mode de vie américain n'était pas négociable, nos bateleurs de foire qui font profession de politiciens procrastinent en renvoyant la patate très chaude à leur successeur.

Pour donner le change, ils s'autopersuadent que leur action climatique, qui relève généralement de petits pas indigents, va dans le bon sens. Or, ce non-sens est d'autant plus scandaleux que ce retard à l'allumage est irréversible. Une loi peut être abrogée, un décret réécrit, une Constitution modifiée. Le climat ne se pliera pas aux illusions humaines. Notre croyance en la supériorité et au génie humain nous conduit à penser que nous pourrons stopper l'emballement climatique. L'irresponsabilité est l'une des choses les mieux réparties dans cette classe politique frappée de sénescence précoce.

Le numérique en général, et la 5G en particulier, n'échappe pas à la règle. Bien au contraire. Partant du constat que la meilleure défense serait l'attaque, le secteur du numérique n'a de cesse d'énoncer des contre-vérités climatiques, au point de finir par croire que la 5G ne serait pas un problème, mais la solution. Avec la subtilité d'un éléphant dans un magasin de porcelaine, Sébastien Soriano, l'ancien président de l'Autorité de régulation des communications électroniques, des postes et de la distribution de la presse (ARCEP), n'a pas hésité un instant à vanter les mérites de la 5G en déclarant que nous serions « tout à fait dans le bon tempo pour créer les conditions d'une 5G verte, de réseaux verts, d'un numérique vert[13] ». La pensée magique alimente ainsi une certaine forme d'autopersuasion. D'un coup de baguette, l'empreinte carbone du secteur du numérique représentant près de 15 millions de tonnes de CO_2 devient le moyen à privilégier pour lutter contre le dérèglement climatique. La ville intelligente, la voiture autonome, le télétravail sont ainsi appelés à la rescousse pour sauver un secteur dont les émissions ne cessent pourtant de progresser année après année.

Sur tous les tons, ministres et lobbies se sont ainsi relayés pour créer de toute pièce une évidence qui n'en est pas une, selon laquelle, à usage constant, la 5G ne consommera pas plus d'énergie que la 4G. Orange, qui ne lésine jamais à grossir le trait, affirme même sans le démontrer que « pour acheminer 1 giga de data, la 5G utilisera 2 fois moins d'énergie que la 4G à son lancement, et 10 fois moins d'énergie à horizon 2025[14] », contredisant ainsi Olivier Roussat, le PDG de Bouygues Telecom qui, devant la commission Développement durable du Sénat, a déclaré qu'« après la première année de déploiement, la consommation énergétique de tous les opérateurs affichera une augmentation importante[15] ». Ces derniers propos corroborent le sentiment d'une centaine de dirigeants d'opérateurs télécoms qui, en avril 2019, estimaient à plus de 90 % que la 5G allait augmenter leur facture énergétique.

Quasi unanimité que ne partage pourtant pas le patron d'Orange, Stéphane Richard, qui, le 9 janvier 2021, affirmait dans une interview-fleuve au *Journal du dimanche* que la 5G était « un

13 www.frandroid.com/telecom/726947_une-5g-ecoresponsable-larcep-y-croit-et-ne-veut-pas-dun-report

14 www.bfmtv.com/tech/les-antennes-5g-seront-elles-un-gouffre-energetique_AN-202009210214.html

15 www.senat.fr/rap/r19-555/r19-55512.html

progrès pour l'environnement». Ce publireportage qui verse dans la méthode Coué est à mettre en résonance avec l'offre de stage publiée sur le site d'Orange le 29 décembre 2020. Intitulé «Évaluation de la consommation énergétique des réseaux 5G», ce stage de six mois proposé par l'opérateur historique (dont le chiffre d'affaires s'établissait en 2019 à 42 238 000 000 euros) prêterait à sourire s'il ne mettait pas en évidence le peu de cas que l'opérateur fait de l'impact énergétique de la 5G. Que penser d'une entreprise comme Orange, comptant près de 150 000 salariés, qui opte pour le recrutement d'un stagiaire afin d'évaluer le bilan énergétique d'une technologie pour laquelle elle a déboursé plus d'un milliard d'euros deux mois plus tôt ?

De surcroît, le 18 septembre 2020, un groupe composé d'un millier de salariés d'Orange a posté sur le réseau social interne de l'opérateur un long document remettant en cause sa stratégie à l'égard de la 5G. La lecture de cet argumentaire est intéressante car elle montre que la déclaration tonitruante de Stéphane Richard est loin de faire l'unanimité au sein du groupe qu'il préside. Au chapitre «L'ébriété énergétique[16] », ces salariés indiquent que «déployer massivement la 5G, quelles que soient les optimisations à l'œuvre, est un acte cumulatif (aussi longtemps que perdureront les réseaux des générations précédentes, compte tenu des obligations réglementaires stipulées par l'ARCEP). Cet empilement de réseaux induira une nouvelle hausse de notre consommation globale. L'impact de la 5G elle-même, indépendamment de la consommation des autres réseaux, est pour le moment difficile à estimer, de l'aveu de notre propre RSE[17]. Or comme le recul historique le montre, le paradoxe de Jevons (ou

---

16 www.teslabel.be/activites-et-appels/470-deployer-la-5g-chez-orange-les-avis-divergent

17 Responsabilité sociale des entreprises.

"effet rebond", énonçant " [...] qu'à mesure que les améliorations technologiques augmentent l'efficacité avec laquelle une ressource est employée, la consommation totale de cette ressource peut augmenter au lieu de diminuer [...]") s'est vérifié pour chaque gain en efficacité ou en performance énergétique. Une telle permanence des effets sur la consommation, empiriquement vérifiable, invite au questionnement. Bref, nous nous apprêtons à consommer toujours plus d'énergie et il faut confronter cette réalité aux risques propres du secteur énergétique, qui a devant lui des défis colossaux ». Hypothèse émise par les salariés d'Orange immédiatement confirmée par un client de Free qui, avec son forfait 5G, a consommé pas moins de 3,03 To en un mois, soit l'équivalent de cent heures de vidéo UHD...

Étonnamment, les effets climatiques et énergétiques de la 5G demeurent controversés alors même qu'il eût été aisé, pour les médias et décideurs qui entretiennent cette légende urbaine, d'interroger les opérateurs qui ont déjà développé la 5G en Chine et en Corée du Sud et ainsi juger sur pièce. Le vice-président de China Mobile reconnaissait ainsi en février 2019 que la construction du réseau 5G nécessitait trois fois plus d'antennes que la 4G et requérait trois fois plus d'énergie. Dans son ouvrage qui est très loin d'être une critique au vitriol de la 5G, Guy Pujolle reconnaît également que « les spécifications de la 5G nécessitent d'augmenter considérablement le nombre d'antennes, et donc l'énergie nécessaire pour les faire fonctionner. Une augmentation qui n'est pas due à une multiplication des antennes, mais à l'augmentation du trafic à traiter et aux fréquences utilisées, qui portent moins loin que celles des générations précédentes[18] ».

Autant d'avis autorisés auraient dû suffire à éteindre cette vaine polémique et faire entendre raison à des ministres comme Cédric

18 Guy Pujolle, *Faut-il avoir peur de la 5G ?*, *op. cit.*

O, contempteur officiel d'amish en tout genre. D'autant qu'en tant que secrétaire d'État au numérique, il a nécessairement eu accès à l'avis de la Commission des participations et des transferts (CPT) qui, pour fixer les sommes que les opérateurs devront dépenser afin d'acquérir les fréquences 5G, a évalué la rentabilité de cette cinquième génération. La CPT escompte qu'un utilisateur consommera entre 55 et 65 Go par mois en 2034, soit six fois le trafic mensuel en France en 2019. De fait, l'« usage constant » tant mis en avant par les opérateurs ressemble à une close dolosive d'un contrat d'assurance. L'accroissement des données mobiles de près de 40 % par an rend la notion d'usage constant nulle et non avenue.

D'autant que le bilan énergétique et climatique du numérique ne repose pas principalement sur le fonctionnement des objets et de l'infrastructure. En effet, 80 à 90 % de l'énergie est consommée durant la phase de fabrication. Avec l'arrivée de dizaines de milliards d'objets connectés, le numérique va devenir un boulet climatique hors de contrôle.

Dans un rapport qui constitue une véritable mine d'informations sourcées, Gauthier Roussilhe nous rappelle qu'en « 2019, le numérique représentait 3,7 % des émissions de gaz à effet de serre, autant que l'aviation civile. Ces émissions croissent de 8 % par an et pourraient représenter 7,5 % des émissions mondiales en 2025, autant que le parc automobile mondial ». Il ajoute que « pour être conforme à l'accord de Paris, le numérique devrait réduire ses émissions de gaz à effet de serre de 5 % par an. Or elles augmentent de 8 % par an. Nous accumulons chaque année un retard de 13 %[19] ».

19 https://gauthierroussilhe.com/pdf/5G-Juillet2020.pdf

Diagnostic que le Haut Conseil pour le climat partage dans un rapport remis en décembre 2020 à la demande des sénateurs, soit deux mois après l'attribution des fréquences[20]. Mieux vaut tard que jamais… Comme de coutume, les responsables politiques prennent des décisions qui engagent notre avenir climatique à l'aveugle tout en accusant les opposants d'irrationalité.

L'avis du Haut Conseil pour le climat est pourtant sans appel. « Selon l'intensité du déploiement de la 5G, l'empreinte carbone pourrait croître de 20 à 55 % entre 2020 et 2030[21]. » Une couverture complète du territoire en 5G d'ici 2030 augmenterait nos émissions de CO_2 de 6,7 millions de tonnes, soit dix fois plus que les émissions de l'ensemble de l'éclairage public. Cette cinquième génération de téléphonie mobile aurait également pour effet d'augmenter notre consommation électrique de 16 TWh à 40 TWh, représentant entre 3 et 8 % de la consommation hexagonale. Une innovation supposée nous sauver du chaos climatique a ainsi pour conséquence un gaspillage électrique requérant l'équivalent de la production de trois à sept réacteurs nucléaires. Ce qui n'est pas vraiment prévu dans la Programmation pluriannuelle de l'énergie qui table au contraire sur une diminution de la consommation électrique du numérique.

Même la commission de l'aménagement du territoire et du développement durable du Sénat tire la sonnette d'alarme dans un rapport pour une transition écologique du numérique. Guillaume Chevrollier et Jean-Michel Houllegatte affirment qu'en 2040, si « tous les autres secteurs réalisent des économies de carbone conformément aux engagements de l'Accord de Paris et si aucune politique publique de sobriété numérique n'est déployée, le

---

20 www.hautconseilclimat.fr/publications/maitriser-limpact-carbone-de-la-5g/

21 www.hautconseilclimat.fr/wp-content/uploads/2020/12/rapport-5g_haut-conseil-pour-le-climat_etude-exterieure.pdf

numérique pourrait atteindre près de 7 % (6,7 %) des émissions de gaz à effet de serre de la France, soit un niveau bien supérieur à celui actuellement émis par le transport aérien, qui est de 4,7 %. Cette croissance serait notamment portée par l'essor de l'internet des objets (IoT) et les émissions des *data centers*. En outre, on estime que le coût collectif de ces émissions pourrait passer de 1 à 12 milliards d'euros entre 2019 et 2040[22] ».

Aucun secteur industriel n'est appelé à augmenter dans une telle proportion ses émissions de gaz à effet de serre. Mais faute de données objectives en amont de la décision, le pouvoir politique a pu énoncer des contre-vérités sans prendre le risque d'être contredit. Renvoyés à leurs lampes à huile, les amish n'ont éprouvé aucune satisfaction à constater qu'ils avaient une nouvelle fois eu le tort d'avoir raison trop tôt. Et ont amèrement regretté qu'il n'ait pas été jugé utile de mobiliser la Commission nationale du débat public, autorité indépendante, afin d'objectiver la controverse et d'écarter ce qui relevait avant tout d'infox produites par et pour le lobby de la 5G.

22 www.senat.fr/rap/r19-555/r19-5551.pdf

ORANGE, Ô DÉSESPOIR

Un peu plus de 5 milliards d'individus possèdent un mobile, faisant de cette prothèse technique l'un des objets les plus diffusés au monde. Dans certains pays, le taux d'équipement dépasse les 100 %, indiquant par là même que certains utilisateurs jonglent avec plusieurs mobiles. Ces chiffres peuvent donner le tournis mais cachent mal le fait que le secteur de la téléphonie mobile demeure un petit monde d'entre-soi et de relations souvent incestueuses. Beaucoup d'utilisateurs, mais peu de décideurs.

En France, pays connu pour son amour des grandes écoles et des grands corps, de l'École des Mines en passant par Polytechnique, HEC, Telecom ParisTech ou encore le corps des Ponts et Chaussées, le phénomène des portes tournantes bat son plein. Ce processus institutionnel est au lobbying ce que le mercato est au football. En fonction de la donne politique et d'une logique du plus offrant, un conseiller ministériel peut rapidement se voir proposer un poste dans le privé puis revenir fréquenter les allées du pouvoir, et ainsi de suite plusieurs fois dans une carrière. Cette situation de conflits d'intérêts est tellement banale qu'elle en devient naturelle. Ce pantouflage n'éveille même plus la suspicion des instances de contrôle.

Et comment le reprocher à un simple conseiller ministériel ou sous-directeur d'une agence d'État quand un ancien Premier ministre, ancien lobbyiste en chef d'Areva, n'attend pas six mois avant d'être accueilli au sein du conseil d'administration d'Atos tout en étant maire du Havre ? Les exemples de ce type sont légion. Thierry Breton fut tour à tour président-directeur général de France Telecom, ministre de l'Industrie, PDG d'Atos et désormais commissaire européen au marché intérieur, fervent promoteur de la 5G.

Que défendent-ils à ces différents postes ? Un plan de carrière ? Un idéal ? Une orientation idéologique ? Sans doute un peu de tout cela. Une chose est certaine : la fluidité et l'aisance avec lesquelles ces politiciens à mi-temps réussissent leur conversion dessinent un continuum entre leur engagement en tant que responsable politique et leur action en tant que décideur économique. Partant du constat qu'on n'est jamais mieux servi que par soi-même, tout porte à croire que ce mélange des genres est avant tout dicté par un jeu d'influences dont le bien public est la victime collatérale.

La Haute Autorité pour la transparence de la vie publique se fend ainsi régulièrement de réserves de pure forme que les principaux intéressés balaient avec le mépris qu'il se doit. L'enjeu est de taille pour ce qu'il faut bien nommer le « corrupteur ». La société, en recrutant l'ancien responsable politique, bénéficie d'un carnet d'adresses, d'un savoir-faire, d'une très bonne connaissance des enjeux du moment et évite de fait les faux pas institutionnels. Qui connaît les rouages emporte la décision. Mais ce serait se tromper que de croire qu'une multinationale n'est pas à même de recruter des salariés compétents sans entretenir le pantouflage.

En recrutant d'anciens directeurs de service, présidents d'agence, experts scientifiques, conseillers ministériels ou ministres, l'agent corrupteur adresse un message à ceux qui sont en poste et n'auraient pas encore sauté du côté obscur de la force. Pour qui sait être docile, faire preuve de souplesse idéologique et être ouvert à la discussion, la pantoufle sera de cristal. L'influence d'une entreprise se mesure à sa capacité à tisser sa toile, et ce sur plusieurs années, voire décennies. Un fonctionnaire d'État érigeant l'intégrité comme valeur non négociable se ferme la porte de certaines entreprises et voit s'envoler jetons de présence et retraite dorée. Pire, il risque de rencontrer, tout au long de sa carrière, ces agents doubles qui auront beau jeu de lui mettre des bâtons dans les roues et de lui savonner la planche. Aux uns les pantoufles d'or, aux autres les placards feutrés… De fait, l'atrophie de l'État ne laisse que peu de choix et conduit les moins scrupuleux à contracter un pacte faustien.

Le secteur de la téléphonie mobile a recouru à un nombre incalculable de portes tournantes ces deux dernières décennies. L'exemple le plus emblématique est sans doute celui de ce conseiller technique d'un ancien Premier ministre qui s'est retiré de la vie politique un certain 21 avril 2002. Comme d'habitude, ceci s'est fait au nez et à la barbe des structures mises en place par l'État pour éviter le phénomène de *revolving door*. Nul besoin d'une longue enquête pour découvrir le pot aux roses. Jean-Noël Tronc, conseiller du Premier ministre, a activement travaillé à la rédaction d'un décret fixant les niveaux d'exposition aux champs électromagnétiques encadrant le déploiement des antennes relais. Ce texte réglementaire, paru au *Journal officiel* le 3 mai 2002, soit deux jours avant la démission officielle de Lionel Jospin, acte l'une des réglementations les plus laxistes au monde dont se réjouiront les opérateurs de téléphonie mobile. Parce qu'il sait remercier les grands serviteurs de l'État, Orange recrutera Jean-Noël Tronc quatre mois à peine après son départ.

Peut être a-t-il croisé Laure de La Raudière, vingt ans de bons et loyaux services chez France Telecom Orange avant de devenir députée fillonniste puis d'être nommée en 2021 présidente de l'ARCEP par notre Jupiter traqueur d'amish. Cette autorité « indépendante » a la charge de l'attribution des fréquences et peut donc compter sur une militante radicalisée de la 5G. Durant toute la durée de son mandat parlementaire, Laure de La Raudière n'a jamais manqué de rappeler son hostilité au principe de précaution tout en multipliant les amendements pour réduire à néant la loi relative à la sobriété en matière d'exposition aux ondes électromagnétiques, dite loi Abeille[23], du nom de la députée écologiste qui l'a défendue à l'Assemblée nationale. Interrogée par le journal en ligne Bastamag, Laure de La Raudière assume et revendique une proximité quasi « naturelle » avec les opérateurs : « Le groupe UMP et moi-même étions opposés à cette proposition de loi. J'ai donc déposé des amendements que j'ai rédigés moi-même (en commission et en séance) et d'autres qui m'ont été envoyés par les opérateurs (eux-mêmes aussi opposés au texte). J'ai aussi parfois modifié l'exposé des motifs des amendements[24]. »

À moins que l'ancien conseiller de Lionel Jospin ait entraperçu Mickaël Trabbia, ingénieur des Mines, diplômé de Polytechnique et de Telecom ParisTech. Le « *Chief Technology and Innovation Officer* » du groupe Orange a ainsi commencé sa carrière à… l'ARCEP où il s'occupait de l'attribution et du contrôle des licences mobiles.

Un livre ne suffirait pas à identifier les parcours sinueux de ces lobbyistes dont l'agilité première est de savoir sauter du public au privé en fonction de leurs intérêts personnels. Ce cynisme pleinement assumé est l'une des causes de la défiance grandissante de l'opinion publique à l'égard des responsables politiques qui servent et se servent, confondant assidûment l'intérêt général et leur intérêt propre.

Anticipant la critique, le système ultralibéral a déjà prévu de répondre à cette accusation de conflit d'intérêts en lui opposant la transparence du processus. Dans son livre d'enquête sur les insecticides néonicotinoïdes, Stéphane Foucart rapporte les propos de l'historien des sciences Alexandre Koyé, qui nomme cette situation

---

23 www.legifrance.gouv.fr/jorf/id/JORFTEXT000030212642/

24 www.bastamag.net/Wifi-telephonie-antennes-les

une « conspiration en plein jour[25] ». Le simple fait d'assurer une certaine publicité autour de ce scandale démocratique rendrait le processus acceptable. Comme le veut la formule, « faute avouée, à moitié pardonnée »… Avec habileté, on amende la forme sans renoncer au fond. Or, le problème des conflits d'intérêts n'est pas qu'ils soient cachés – c'est une situation aggravante – mais qu'ils puissent exister !

25 Stéphane Foucart, *Et le monde devint silencieux. Comment l'agrochimie a détruit les insectes*, Seuil, 2019.

EXPERTS SOUS INFLUENCE

Lorsqu'il prend la parole le 10 octobre 2005 dans une salle bondée du Sénat, Guy Paillotin n'a plus rien à démontrer. Ancien président de l'Institut national de la recherche agronomique (INRA) entre 1991 et 1999, ce polytechnicien a pris les rênes de la toute jeune Agence française de sécurité sanitaire environnementale (AFSSE) dont il préside le conseil d'administration depuis 2002.

Dans le cadre feutré du palais du Luxembourg, les propos du président de l'agence d'évaluation sanitaire vont en laisser plus d'un sans voix. Il faudra ainsi quatre jours à Gaëlle Dupont, journaliste au *Monde*, pour recouper l'information et publier un article rapportant les dires de Guy Paillotin[26]. Car ses déclarations font l'effet d'une bombe à fragmentation. Après avoir été interrogé par Agir pour l'environnement, Guy Pailllotin étrille en quelques mots la toute jeune agence en affirmant que « l'expertise de l'AFSSE sur la téléphonie mobile n'a jamais suivi les règles que l'AFSSE s'est fixées elle-même. C'est une expertise que je considère, en tant que président du conseil d'administration, comme n'existant pas, n'étant pas le fait de l'AFSSE, puisqu'elle ne correspond pas aux textes que le conseil d'administration a lui-même adoptés ».

Interdit par ce moment de vérité, le public assistant à cette conférence en reste coi et découvre brutalement l'envers d'un décor moins glorieux qu'il n'y paraît. Car depuis sa création en 2001, l'agence est devenue le haut lieu d'une lutte d'influence et

26 www.lemonde.fr/planete/article/2005/10/14/controverse-sur-les-risques-sanitaires-du-telephone-mobile_699517_3244.html

d'un lobbying échevelé des opérateurs de téléphonie mobile. Les experts recrutés jouent joyeusement avec les limites légales et entretiennent des liens directs ou indirects avec les industriels du secteur. Dans une opacité savamment entretenue, un quarteron d'experts en service commandé influe sur le contenu des rapports que l'agence produit au rythme épileptique d'un tous les ans. En l'absence de déclaration publique d'intérêt, personne n'est en mesure d'identifier que tel président d'un groupe d'experts est en même temps membre du conseil scientifique de Bouygues Telecom ou que tel épidémiologiste de renom participe à un publireportage sur papier glacé sponsorisé par Orange. Dérives qui se perpétuent au nez et à la barbe de l'agence dont le guide déontologique proscrit formellement ce genre de petits arrangements entre gens de bonne compagnie.

Il faudra ainsi la saisine de l'Inspection générale des affaires sociales et de l'Inspection générale de l'environnement pour nettoyer les écuries d'Augias. Les inspecteurs rédigeront un rapport dont le contenu mérite encore aujourd'hui d'être rappelé : « L'Agence a pris le risque d'hypothéquer le travail des experts par des irrégularités de forme, sur lesquelles pourrait s'arrêter un juge en cas de contentieux[27]. »

Dans le monde policé de l'expertise officielle, cet avertissement se veut solennel, définitif. L'allusion aux juges ressemble à une exécution en place de Grève. Mais il en faut plus pour faire dévier les lobbies d'une stratégie maintes fois éprouvée. Durant ces cinquante dernières années, les « marchands de doute[28] » ont mis en œuvre un large éventail de techniques visant à manipuler la science et à retarder l'instauration de mesures de précaution. De l'amiante au tabac, du dérèglement climatique en passant par

27 www.vie-publique.fr/sites/default/files/rapport/pdf/064000700.pdf

28 Naomi Oreskes, Erik M. Conway, *Les Marchands de doute*, Le Pommier, 2012.

les perturbateurs endocriniens, le diesel, les organismes génétiquement modifiés ou les pesticides, cabinets de conseil et autres influenceurs ont eu les coudées franches pour tordre les faits scientifiques dans un sens favorable à leurs clients industriels.

La publication des *tobacco papers* et plus récemment des *monsanto papers* nous a permis de lever un coin du voile sur les pratiques délictueuses systématisées par les faussaires de la science. Fichage des opposants, pressions à l'encontre d'experts intègres, scientifiques acceptant de prêter leur nom pour légitimer des « études » frauduleuses, études sponsorisées entretenant le doute ou conduisant à des impasses, essais cliniques biaisés financés par l'industrie, autant d'options auxquelles ont recours les lobbies. La citation rapportée par Stéphane Horel dans son livre *Lobbytomie* est parlante : « "Les données produites par les chercheurs universitaires ont toujours été pour nous un problème majeur dans la défense de nos produits." Celui qui écrit ces mots [...] s'appelle William Heydens, chef de la stratégie pour l'évaluation de la sécurité des produits au sein de Monsanto[29]. »

Mais tout n'est pas à jeter dans l'expertise officielle. Après la saillie de l'Inspection générale des affaires sociales, l'ANSES a progressivement mis de l'ordre dans ses procédures, en créant notamment un comité de dialogue associant les représentants des associations. Grâce à l'implication admirable de certaines militantes, au premier rang desquelles nous retrouvons Janine Le Calvez, fondatrice de Priartem, l'expertise officielle est en partie sortie de son ornière. Ce travail de vigie a ainsi permis à l'ANSES d'écarter certains moutons noirs tout en publiant des recommandations durcissant les préconisations vis-à-vis de l'exposition des enfants aux ondes électromagnétiques.

29 Stéphane Horel, *Lobbytomie. Comment les lobbies empoisonnent nos vies et la démocratie*, La Découverte, 2018.

Mais, nous rappelle Stéphane Foucart, « la science est fragile. Elle est un processus collectif qui repose sur la prudence, le doute, la confrontation des interprétations, la recherche d'exactitude. L'industrie capitalise sur ces caractéristiques de la science : le doute peut être maintenu *ad aeternam*, la recherche d'exactitude poussée jusqu'à la recherche de preuves définitives qui sont inatteignables. Et ceux qui, à un moment donné, ont le malheur de dire que la science en sait suffisamment pour prendre telle ou telle mesure, sont immédiatement pointés du doigt comme les tenants dogmatiques de l'antiscience et de l'irrationalisme[30]. »

Nos sociétés technologiques ont tendance à accorder à l'expertise une sorte de superpouvoir : dire le vrai, énoncer des certitudes, rassurer en situation d'incertitude. Or, quantité de scientifiques n'ont tout simplement pas la possibilité de conclure et leur avis est souvent précédé de circonlocutions et précautions oratoires qui en disent long sur leur malaise. Maniant le sophisme avec l'aisance du manipulateur, le lobbyiste se saisit des doutes et ambiguïtés de la science pour énoncer des vérités et pousser là son avantage.

Pris entre le marteau et l'enclume, la pression économique et l'aspiration des consommateurs au renouvellement permanent, les politiciens capitulent devant tant d'efforts, préférant s'en remettre aux faux nez des lobbies.

Le lobbyiste se drape ainsi d'une blouse blanche lui accordant une légitimité suffisante pour asséner la vérité du jour dont la viralité est inversement proportionnelle à sa crédibilité. Face à la défiance qui frappe durement le monde politique, les lobbies ont bien compris que l'expert pouvait être celui qui pèse sur l'opinion publique. De ce fait, l'expertise est devenue, au fil des ans, le haut

30 Stéphane Foucart, *La Fabrique du mensonge. Comment les industriels manipulent la science et nous mettent en danger*, Gallimard, « Folio actuel », 2014.

lieu d'une influence qui est d'autant plus efficace que la science se présente toujours comme neutre, expurgée de toute idéologie.

Dans ce jeu de dupes, chacun joue un rôle qu'il sait être profondément vicié. Mais dans un monde constitué de fils Twitter, de punchlines et d'informations « en direct live », le « bon client » médiatique proscrit le conditionnel pour lui préférer l'impératif. Et quand la certitude règne sans partage, c'est bien le fait scientifique qui vacille.

Raison pour laquelle les associations n'ont eu de cesse d'appeler les pouvoirs publics à respecter le temps de la science et de l'expertise qui doit s'affranchir de la pression du quotidien et des nécessités du politique. Lorsque l'ANSES a publié en octobre 2019 son rapport préliminaire intitulé *Exposition de la population aux champs électromagnétiques liée au déploiement de la technologie de communication « 5G » et effets sanitaires associés*[31], elle a clairement exprimé son intention de « donner du temps au temps ». Délais rendus nécessaires faute de données scientifiques indiscutables. Lorsque l'on connaît l'extrême prudence dont s'entourent les experts de l'ANSES lorsqu'il s'agit de communiquer sur les questions de téléphonie mobile, certaines phrases extraites du rapport frappent par leur crudité. C'est ainsi qu'en page 48 dudit rapport, le comité d'experts spécialisés « Agents physiques, nouvelles technologies et grands aménagements » s'écarte de sa pusillanimité habituelle en écrivant : « Les puissances instantanées seront donc plus importantes, mais théoriquement plus limitées dans le temps et dans l'espace, ce qui modifiera les schémas d'exposition des utilisateurs. » Avant de conclure quelques lignes plus bas : « Compte tenu des spécificités des signaux de la 5G, peut-on anticiper l'exposition des populations et son impact sanitaire ? » Trouble qui ne semble pas avoir conduit le gouvernement à remettre en cause son

31 www.anses.fr/fr/system/files/AP2019SA0006Ra.pdf

calendrier d'attribution des fréquences. Pendant que les experts de l'ANSES s'essayaient à la philosophie socratique du « Je sais que je ne sais rien », les opérateurs engageaient une course de vitesse en déployant des milliers d'antennes relais.

Lentement mais sûrement, l'ANSES a fini par publier en mars 2021 le tant attendu rapport d'expertise collective *Expositions aux champs électromagnétiques liés au déploiement de la technologie de communication « 5G » et effets sanitaires éventuels associés*[32]. Sous la pression de ses tutelles, l'ANSES a accompagné cette publication officielle d'un verbiage lénifiant dont l'objectif implicite tient en un mot : « rassurer ». Près de six mois après la décision du gouvernement d'accorder officiellement les autorisations d'émettre et 32 000 antennes relais 5G installées plus tard, l'ANSES n'avait d'autre choix que celui de confirmer les décisions déjà prises par le gouvernement. Comme l'exprime la formule consacrée, « on ne mort pas la main qui vous nourrit ».

Pour qui en reste à la surface des choses, le titre du communiqué de presse édité par l'ANSES accompagnant ce rapport clôt le débat sur les effets sanitaires de la 5G. Selon l'agence d'évaluation, il n'y a « pas de risques nouveaux pour la santé au vu des données disponibles[33] ». Mais pour qui creuse un peu, l'assertion sonne faux au regard des éléments que les experts de l'ANSES ont présentés aux associations. Pour la bande 26 GHz, l'ANSES affirme sommairement : « pas de données d'exposition dans cette bande de fréquences ». Concernant la bande cœur de la 5G, à savoir la bande 3,5 GHz, l'ANSES écrit : « Très peu de données spécifiques disponibles. » Pour la troisième et dernière bande de fréquences utilisée par la 5G (700 MHz-2,1 GHz), « aucune étude spécifique n'a été

32 www.anses.fr/fr/system/files/AP2019SA0006_Rapport_5G_consultation.pdf

33 www.anses.fr/fr/content/5g-pas-de-risques-nouveaux-pour-la-sant%C3%A9-au-vu-des-donn%C3%A9es-disponibles

identifiée pour la fréquence de 700 MHz ». Pour les communicants de l'agence étatique d'évaluation, l'absence d'études équivaut à l'absence d'effets... Avec la rigueur qui la caractérise, Sophie Pelletier, présidente de l'association Priartem, a vivement interpellé l'ANSES sur ces nouvelles façons de produire de la « méconnaissance » scientifique.

E-NORME

« Nul risque en respectant les normes en vigueur »... Mille fois affirmé, cet énoncé quasi performatif entretient l'idée selon laquelle les normes en vigueur seraient par essence protectrices de la santé publique. Il n'en est rien, car le lobbying des industriels se joue à l'abri des regards et à des niveaux de technicité qui rendent le scandale sous-jacent peu lisible pour le grand public.

Il n'en reste pas moins que ces fameuses normes donnant bonne conscience à une partie de la classe politique sont avant tout une construction permettant d'absoudre les opérateurs de toute responsabilité en cas de crise sanitaire. Que ceux-ci soient en sous-main aux manettes pour définir lesdites normes importe peu puisque l'enjeu est de leur donner un vernis institutionnel qui permettra de faire illusion médiatiquement en cas de procédures engagées par d'éventuelles victimes.

Aussi étonnant que cela puisse paraître, bon nombre de normes n'ont que peu à voir avec une quelconque rigueur scientifique. Pesticides, nanoparticules, diesel ou téléphonie mobile s'appuient sur des normes qui n'ont jamais, ni de près ni de loin, été conçues pour protéger. Interroger la valeur retenue au-delà de laquelle un polluant deviendrait dangereux, c'est questionner le processus qui a conduit à arrêter un seuil plutôt qu'un autre.

Pour la réglementation s'appliquant aux nanoparticules dans l'alimentation, l'autorité européenne a décidé qu'au-delà de 100 nanomètres, une particule n'était plus considérée comme nano. À 101 nanomètres, la réglementation ne s'applique plus ; à 99, les industriels doivent s'y conformer. Le débat se cristallise ainsi sur cette fameuse limite de 100, écartant bien vite les scientifiques qui prêchent dans le désert pour un seuil largement supérieur, à 300 ou 400 nanomètres. Cette norme arbitraire est éminemment politique car elle influe sur la sécurité des consommateurs et la liberté accordée aux apprentis sorciers de la nanomalbouffe d'introduire des additifs dangereux dans l'alimentation, dans les cosmétiques ou dans les médicaments.

La téléphonie mobile n'échappe pas à cette loi qui conduit un débat politique à s'embourber dans des discussions absconses dont la technicité n'a d'autre but que celui de laisser sur le bord du chemin les lanceurs d'alerte et quelques curieux. Pour la 5G, les opérateurs se doivent de ne pas dépasser un niveau d'exposition de 61 volts par mètre (V/m). À titre de comparaison, le niveau moyen d'exposition était de 0,4 V/m ces dernières années – moyenne cachant quelques sites fortement exposés à plusieurs dizaines de volts par mètre.

Force est de constater qu'après plus de vingt ans de développement de la téléphonie mobile, des dizaines de milliers d'analyses et 233 600 antennes relais installées, les dépassements se comptent sur les doigts d'une main. Opérateurs, équipementiers et politiciens se félicitent mutuellement de ce respect scrupuleux d'une norme… qui n'en est pas une. Cette norme a en effet été énoncée au milieu des années 1990, soit vingt-cinq ans avant l'apparition de la 5G. Avec une prescience qui force l'admiration, une association de droit privé, la Commission internationale pour la protection contre les rayonnements non ionisants (ICNIRP), dont le budget d'à peine 140 000 euros confine à l'anecdote pour une structure ayant des visées internationales, a réussi à établir une norme qui a résisté trente ans durant à la révolution numérique et ses milliards d'utilisateurs.

L'explication est pourtant simple. L'ICNIRP, fondée par Michaël Repacholi, proche de l'industrie de la téléphonie mobile, n'est qu'un vulgaire rassemblement de lobbyistes dont dix des quatorze experts entretiennent encore aujourd'hui des liens directs et indirects avec les opérateurs. Ce que confirme Michèle

Rivasi et Klaus Buchner, tous deux eurodéputés, dans un rapport rendu public le 19 juin 2020 : « L'ICNIRP cultive un entre-soi complaisant. Il semble qu'un "cercle fermé de scientifiques partageant les mêmes idées" ait transformé l'ICNIRP en un club scientifique complaisant, avec un manque d'expertise médicale et biologique ainsi qu'un manque d'expertise scientifique dans les évaluations de risques spécifiques, ce qui pourrait conduire à une vision étriquée[34]. »

La logique qui prévaut à l'édification de cette « norme » internationale repose sur la volonté d'éviter aux utilisateurs les risques thermiques. Un opérateur exposant durant six minutes un utilisateur à des seuils supérieurs à ceux définis par cette association prendrait le risque d'échauffer les tissus. Fort heureusement, les enjeux sanitaires de la téléphonie mobile ne résident pas là. Mais en refusant de prendre en compte l'ensemble de la littérature scientifique mettant en évidence les effets athermiques, l'ICNIRP passe à côté de l'essentiel des effets biologiques et sanitaires engendrés par les champs électromagnétiques. Ainsi, en 2018, 164 scientifiques et médecins ont lancé un appel international à l'ONU et à l'OMS, mettant en cause le mandat donné à l'ICNIRP et réclamant l'instauration de normes réellement protectrices[35]. Appel resté lettre morte jusqu'à présent.

Qu'une association puisse énoncer des énormités scientifiques n'aurait aucune conséquence si les conclusions de cet organisme ne bénéficiaient de la complaisance de l'OMS qui a fait de l'ICNIRP son partenaire agréé, et n'étaient pas reprises sans distance ni évaluations complémentaires par une multitude de pays. La Commission européenne, jamais en retard lorsqu'il s'agit de satisfaire les appétits des industriels, a ainsi fait sien

34 www.michele-rivasi.eu/a-la-une/icnirp-conflits-dinterets-5g-et-capture-reglementaire

35 www.emfcall.org

l'avis de l'ICNIRP. Faute de majorité au Parlement européen, ce qui devait être une réglementation communautaire applicable sans délai par l'ensemble des pays membres n'est resté qu'à l'état de recommandation sans valeur juridique contraignante. De ce fait, la norme proposée par l'ICNIRP aurait pu n'être qu'une vaine tentative de manipulation de la science dont sont coutumiers quantité de lobbies industriels. Mais l'influence des opérateurs s'est ensuite poursuivie État par État, ceux-ci plaidant pour une norme laxiste afin de ne pas prendre de « retard », ne pas freiner l'innovation et surtout ne pas rater la révolution numérique. Malgré leur empressement, les industriels ont dû attendre six ans avant que cette recommandation européenne ne devienne réalité dans le droit français grâce à l'amical appui du conseiller de Lionel Jospin et futur haut responsable d'Orange France que nous avons déjà rencontré entre deux portes tournantes.

Des structures comme l'ICNIRP ne sont qu'une façon habile, pour des politiciens échaudés par l'affaire du sang contaminé et autres scandales sanitaires, de se défausser sur quelques savants irresponsables – au sens premier du terme – dont le cynisme tient lieu de crédibilité. Ce quarteron de lobbyistes en blouse blanche a pour fonction évidente de porter une décision politique en lui offrant une légitimité scientifique pourtant bien fragile.

Une chose est certaine : quiconque invoque encore aujourd'hui l'ICNIRP pour justifier une décision politique est soit un incompétent, soit un lobbyiste déguisé en politicien.

TCHERMOBILE

On peut facilement affirmer que les interrogations des effets sur la santé des ondes électromagnétiques sont apparues avec leur découverte. Nikola Tesla, inventeur méconnu du moteur électrique, rapporte lui-même dans son autobiographie des troubles étranges, rétifs à toute médecine, évocateurs de l'électrosensibilité : intolérance aux bruits, à la lumière et aux vibrations, dépression, épuisement...

En 1932, c'est un médecin du travail allemand qui mentionne pour la première fois des troubles subis par les personnes ayant travaillé longtemps et sans protection à proximité d'émetteurs. Les symptômes décrits rappellent alors ceux de la neurasthénie : fatigue sévère, troubles du sommeil, sensation étrange au niveau du front et du cuir chevelu, puis des migraines pouvant devenir intolérables.

Usages thérapeutiques potentiels, développement d'armes « non létales » et de dispositifs de maintien de l'ordre, impacts sur la santé des agents travaillant au développement des radars, questionnements sur les cancers et les troubles neurologiques chez les personnels de l'ambassade américaine à Moscou et plus récemment à La Havane, risques pour les utilisateurs de téléphone portable… les radiofréquences n'ont cessé de poser des questions sur leur interaction avec le vivant. De l'abondante littérature scientifique qui en découle, on peut aujourd'hui tirer quelques enseignements d'importance.

Tout d'abord, la plus grande vulnérabilité des enfants, dont le crâne est plus fin, les tissus plus conducteurs, le cerveau et les fonctions régulatrices immatures, est admise. L'ANSES, dans son rapport de 2016 sur les radiofréquences et la santé des enfants, est même allée jusqu'à remettre en cause l'adéquation des fameuses normes de l'ICNIRP à leur sujet, reconnaissant que celles-ci ne protègent pas les enfants et évoquant des risques sur leur bien-être et leur cognition[36].

Ensuite, un consensus scientifique existe sur le fait que les ondes radiofréquences perturbent l'activité électrique de notre cerveau, c'est-à-dire nos ondes cérébrales. Autrement dit, notre cerveau voit passer les trains d'ondes… Aussi étonnant que cela puisse paraître, ce fait établi n'engendre aucune espèce de réaction sur l'encéphalogramme désespérément plat de nos autorités sanitaires. Peu importe que les électrosensibles se plaignent de migraines, de douleurs neuropathiques ou de troubles du sommeil. La science n'ayant pas encore prouvé par A + B que ces perturbations induisent des problèmes de santé, pour nos décideurs, tout se passe comme si cela n'existait pas.

Il est un sujet à propos duquel une foule de données scientifiques existent, celui de la production de stress oxydatif des cellules exposées aux radiofréquences : plus de 90 % des études menées en la matière montrent des effets[37]. Le stress oxydatif est impliqué dans nombre de pathologies, au premier rang desquelles le cancer, mais également des troubles neurologiques, l'athérosclérose, le diabète, la cirrhose, l'asthme, l'hypertension, l'ischémie...

La question de la cancérogénicité des radiofréquences est parmi les plus aiguës. Ainsi, après moult rebondissements, notamment l'éviction fracassante d'un expert confondu pour conflit d'intérêts non déclaré, le Centre international de recherche sur le cancer a classé en 2011 les radiofréquences comme cancérogènes possibles pour l'homme.

---

36 https://www.anses.fr/fr/system/files/AP2012SA0091Ra.pdf

37 BioInitiative 2020, https://bioinitiative.org/wp-content/uploads/2020/09/9.-Free-Radical-Studies-Percent-Comparison-2020.pdf

Depuis cette date, de très nombreuses et solides études sont venues renforcer le niveau de preuve. Par exemple, le programme national américain de toxicologie (NTP) a récemment apporté une preuve de la cancérogénicité des radiofréquences chez le rat. Une étude a également répliqué des résultats montrant un rôle de cocancérogène à des niveaux d'exposition inférieurs aux normes[38]. Nombre d'études épidémiologiques sont venues conforter le risque d'apparition de tumeurs cérébrales chez les utilisateurs après plus de dix ans d'usage ou pour les usages les plus intenses, équivalant à plus de trente minutes par jour[39].

Si la question du téléphone portable et de ses expositions intenses, de durées relativement courtes, est la plus étudiée, il n'en reste pas moins que l'impact d'une exposition chronique, notamment aux antennes relais, est également préoccupant. Plusieurs études ont ainsi montré un lien entre exposition aux antennes relais et certaines pathologies, comme le cancer ou encore la maladie de Charcot[40]. Une récente étude indienne a

---

38 Alexander Lerchl et *al.*, « Tumor promotion by exposure to radiofrequency electromagnetic fields below exposure limits for humans », *Biochemical and Biophysical Research Communications*, 2015.

39 Gaëlle Coureau et *al.*, « Mobile phone use and brain tumours in the CERENAT case-control study », *Occupational and Environmental Medecine*, 2014 ; Lennart Hardell et *al.*, « Use of mobile phones and cordless phones is associated with increased risk for glioma and acoustic neuroma », *Pathophysiology*, 2013 ; « Meningioma patients diagnosed 2007-2009 and the association with use of mobile and cordless phones », *Environmental Health*, 2013 ; « Case-control study of the association between malignant brain tumors diagnosed 2007-2009 and mobile and cordless phone use », *International Journal of Oncology*, 2013 ; « Decreased survival of glioma patients with astrocytoma grade IV (glioblastoma multiforme) associated with long-term use of mobile and cordless phones », *International Journal of Environmental Research and Public Health*, 2014 ; « Mobile phone and cordless phone use and the risk for glioma – Analysis of pooled case-control studies in Sweden, 1997-2003 and 2007-2009 », *Pathophysiology*, 2014.

40 Jaime Luna et *al.*, « Residential exposure to ultra high frequency electromagnetic fields emitted by Global System for Mobile (GSM) antennas and amyotrophic lateral sclerosis incidence: A geo-epidemiological population-based study », *Environmental Research*, 2019.

montré un lien fort entre exposition aux antennes relais et marqueurs biologiques du stress oxydatif et des dommages à l'ADN, pouvant à long terme évoluer vers le cancer[41]. Forts de ces récentes avancées, de nombreux scientifiques réclament la révision des radiofréquences en cancérogènes probables, voire en cancérogènes avérés[42].

Le Centre international de recherche sur le cancer a ainsi pointé les radiofréquences parmi les facteurs à réévaluer dans les prochaines années. Sans attendre, l'ANSES a entrepris dès 2020 la mise à jour de son évaluation du risque en la matière, dont le résultat final ne sera pas connu avant fin 2022… Vu la vitesse de leur déploiement, la 5G et ses joujoux communicants ont de beaux jours devant eux.

En attendant, comme le confirme Antoine Dreyfus, « un nombre croissant de compagnies d'assurances de niveau mondial refusent d'assurer les géants des télécommunications contre les risques liés aux champs électromagnétiques. Il s'agit de positions bien établies. En mars 2019, la compagnie de réassurance suisse (Swiss Re), dans son rapport "Sonar Emerging Risk Insights" ("Conséquences imprévues des champs électromagnétiques"), les a classés au niveau de risque le plus élevé avec les perturbateurs endocriniens[43] ». Rien de très… rassurant !

---

41 Zothansiama et *al.*, « Impact of radiofrequency radiation on DNA damage and antioxidants in peripheral blood lymphocytes of humans residing in the vicinity of mobile phone base stations », *Electromagnetic Biology and Medicine*, 2017.

42 L. Lloyd Morgan et *al.*, « Mobile phone radiation causes brain tumors and should be classified as a probable human carcinogen (2A) (review) », *International Journal of Oncology*, 2015 ; Lennart Hardell et *al.*, « Using the Hill viewpoints from 1965 for evaluating strengths of evidence of the risk for brain tumors associated with use of mobile and cordless phones », *Reviews on Environmental Health*, 2013.

43 Antoine Dreyfus, *5G, mauvaises ondes*, Massot éditions, 2021.

DAS *IST NICHT GUT*

En matière de téléphonie mobile, la controverse est la norme et le consensus l'exception. À partir de données factuelles sur les expositions induites par les antennes relais ou les portables, chacun en arrive à son interprétation de façon à confirmer des hypothèses trop souvent construites pour les besoins de la cause. L'expertise scientifique joue en ce domaine comme dans d'autres un rôle éminemment politique. Dire le « vrai » en situation d'incertitude donne un pouvoir inouï.

Raison de plus pour savourer les quelques moments de concorde qui amènent les ennemis d'hier à parler d'une même voix ; ou à tout le moins, partager peu ou prou le même diagnostic. Combien de fois avons-nous, en tant qu'acteurs associatifs réclamant une baisse des niveaux d'exposition aux ondes électromagnétiques, entendu tel ou tel responsable politique affirmer que le vrai problème venait des terminaux, de leur proximité avec le corps humain en situation d'usage prolongé ?

Là s'arrête ce moment d'union sacrée… À peine cette crainte est-elle énoncée par les autorités sanitaires que la solution est renvoyée à une bien hypothétique responsabilité individuelle. Éloigner le terminal, éviter de prolonger des conversations notamment dans des zones à mauvaise réception ou encore utiliser systématiquement les oreillettes. Que ces préconisations ne soient jamais suivies d'effets importe peu, car l'enjeu est de déporter la responsabilité des industriels vers le consommateur. Pour limiter l'exposition, celui-ci est invité à prendre connaissance d'une information que les opérateurs savent illisible, imprécise et trop souvent fausse.

Depuis de nombreuses années, le débit d'absorption spécifique (DAS) est indiqué sur les notices des appareils et sur les lieux de vente. Exprimé en watt par kilogramme (W/kg), cet indicateur ne parle qu'aux initiés. D'autant que récemment, une directive européenne a créé trois DAS différents, le DAS tête, le DAS tronc et le DAS corps. Pire, les valeurs associées à ces DAS reposent sur des protocoles de mesures qui laissent une grande latitude aux opérateurs pour réduire artificiellement les niveaux d'exposition affichés. C'est ainsi qu'un DAS tronc mesure l'exposition de l'utilisateur dont le mobile serait éloigné de 25 millimètres, réduisant considérablement le niveau d'exposition présenté aux consommateurs. Grâce à une réglementation laxiste, les équipementiers peuvent ainsi afficher des niveaux d'exposition qui présupposent que l'utilisateur éloignerait de quelques millimètres son portable lorsqu'il l'utilise ou qu'il le range dans sa poche. Seul le DAS tête, respectant la norme NF EN 50360, mesure l'exposition au contact direct de l'oreille, à droite et à gauche. DAS tête et DAS tronc ne doivent pas dépasser 2 W/kg. La valeur limite du DAS corps, quant à elle, ne doit pas dépasser 4 W/kg.

Or, dans un rapport de juin 2016, l'ANSES écrit : « Des mesures de DAS local du téléphone mobile au contact du corps réalisées en 2015 par l'ANFR ont montré, à partir d'un échantillon de téléphones mobiles, que l'exposition résultante peut parfois être élevée : parmi les 95 téléphones mobiles prélevés par l'ANFR, 89 % d'entre eux mesurés au contact du corps présentaient un DAS supérieur à 2 W/kg et 25 % un DAS supérieur à 4 W/kg. Par ailleurs, la notice d'utilisation de 25 % des téléphones contrôlés présentant un DAS corps au contact supérieur à 2 W/kg n'indiquait pas de distance minimale de séparation[44]. »

Tout comme les données relatives aux émissions de gaz à effet de serre des véhicules neufs, supposées apporter une information objective aux automobilistes, les valeurs disponibles sur les

44 www.anses.fr/fr/system/files/AP2012SA0091Ra.pdf

notices des portables sont largement sous-estimées par rapport à l'exposition réelle des utilisateurs de mobiles. Sous couvert d'une certaine forme d'optimisation sanitaire et environnementale, les équipementiers trompent délibérément les consommateurs en accord avec les organismes de contrôle qui vivent ainsi dans un monde parallèle.

De surcroît, et c'est un secret de Polichinelle, la plupart des mobiles intègrent des logiciels permettant de faire varier le niveau de DAS, notamment à l'occasion de test de contrôle. Ce que confirme Marc Arazi, auteur du livre *Phonegate*[45]. Toute similitude avec le Dieselgate n'est peut-être pas fortuite. Mais même en jouant sur les ambiguïtés de la réglementation relative aux niveaux d'exposition et en recourant à des systèmes de contrôle adaptatifs de puissance, certains équipementiers réussissent le tour de force de dépasser les limites autorisées, commercialisant ainsi des portables non conformes. Tel a été le cas de Huawei, de Nokia, de Wiko, de Xiaomi, de Sony et de bien d'autres.

En cas de non-conformité, l'équipementier risque des poursuites pénales, qui demeurent somme toute théoriques puisque l'Agence nationale des fréquences ou la Répression des fraudes privilégient encore et toujours la pédagogie et le dialogue. Comme le veut la formule, « selon que vous serez puissant ou misérable, les jugements de cour vous rendront blanc ou noir ». Et de fait, hormis quelques cas particuliers qui se comptent sur les doigts d'une main, les équipementiers plaident régulièrement l'erreur et proposent une simple mise à jour logicielle en retour, échappant trop facilement à des poursuites pénales et au rappel des appareils dysfonctionnels.

Avec la 5G, les opérateurs ont raison d'affirmer que nous changeons de dimension. Jusqu'à présent, les sources d'exposition

45 Marc Arazi, *Phonegate*, Massot éditions, 2020.

aux radiofréquences se limitaient aux portables et autres téléphones sans fil. L'arrivée de dizaines de milliards d'objets connectés va significativement accroître les niveaux d'exposition aux champs électromagnétiques, et ce dans l'enceinte domestique. Mais lorsque nous avons eu l'occasion d'interroger ministres ou autorités réglementaires sur les niveaux de champs induits par ces objets connectés, le mutisme a été de mise. Personne n'est à ce jour en mesure d'évaluer le DAS « tête », « corps » ou « tronc » d'une couche connectée ou d'une brosse à dents « intelligente ».

Et pour cause ! Profitant d'une course de lenteur des institutions européennes toujours prêtes à nous sommer d'accélérer le déploiement de la 5G tout en traînant les pieds pour ajuster la réglementation, les fabricants n'auront pour seule obligation que celle d'afficher, à partir de juillet 2020, le DAS pour les objets connectés d'une puissance de plus de 20 mW ayant vocation à être utilisés à moins de 20 centimètres du corps[46]. Peu d'informations étant disponibles quant à la puissance de ces objets, il est probable que cette réglementation aille rejoindre le cimetière bien rempli des lois et réglementations inappliquées.

Grâce à une réglementation sur mesure, le risque disparaît subjectivement en gommant toute information permettant aux consommateurs de faire un choix éclairé. Pendant que les associations déploieront à l'avenir une énergie fantastique à obtenir une simple mention nécessaire mais largement insuffisante quant aux niveaux d'exposition de ces prothèses électromagnétiques, les équipementiers auront tout loisir de vanter les mérites de leurs babioles communicantes. Pour vivre heureux, vivons cachés…

---

46 www.anfr.fr/fileadmin/mediatheque/documents/expace/2020-guide-R%C3%A9glementation-DAS-FR.pdf

MOBILE HOMME

Sommes-nous toutes et tous accros aux réseaux sociaux? Pouvons-nous renoncer à ce très cher mobile rien qu'une journée? Une étude conduite durant le premier confinement a mis en évidence le fait qu'un Français sur six s'estimait dépendant au numérique. En moins de vingt ans, mobiles, applications et autres babioles communicantes ont acquis le statut d'objets sacrés. Façonnés par une multitude d'innovations, nous errons désormais dans les méandres d'un monde numérique constitué d'extraversion libidineuse, de superficialité sans lendemain et de bulles cognitives amplifiant nos certitudes du jour.

Avec une facilité qui force le respect, les promoteurs de ce monde virtuel ont créé les conditions d'un abrutissement généralisé de la société. Pire, la question de l'impact sanitaire de l'usage des portables et autres prothèses numériques trouve difficilement sa place dans l'espace public. Chacun subit quotidiennement l'attrait des réseaux sociaux et des applications ciselées par des neuromanipulateurs, chacun tente fébrilement de résister à cette insidieuse influence, mais personne n'est en mesure d'en faire un problème de santé publique. Oser bousculer l'ordre numérique vous range immanquablement du côté des disciples des luddites ayant le progrès en horreur. Le caractère ensorcelant du numérique est en quelque sorte l'« éléphant dans la pièce ». Tout le monde le constate, le déplore, le dénonce, mais l'autorité publique, sous influence évidente du lobby du numérique, n'entend pas se risquer sur ce terrain-là.

Hypnotisé par ce miroir déformant, *Homo numericus* est invité à vivre joyeusement son aliénation au numérique toujours présenté comme une fenêtre ouverte sur le monde, vaste bibliothèque assouvissant notre soif éternelle de connaissance.

Pourtant, « plus de 80 % des ados et préados déclarent ne "jamais" ou "quasiment jamais" utiliser leurs outils numériques pour faire œuvre créative[47] ».

Entre la théorie et la pratique, il y a comme de la friture sur la ligne. L'addiction au numérique en général et aux prothèses communicantes en particulier n'est un mystère pour personne, surtout pas pour un nombre croissant de cadres de la Silicon Valley qui préfèrent mettre leurs enfants dans des écoles sans écran.

Notre temps passé sur un smartphone a doublé entre 2012 et 2016. À peine âgés de 24 mois, nos nourrissons sont exposés directement et indirectement à un écran près de 2 heures par jour pour culminer à 6 heures 40 à l'adolescence. « Cumulé sur un an, cela représente plus de 2400 heures, 100 jours, 2,5 années scolaires ou encore la totalité du temps consacré de la sixième à la terminale, pour un élève de filière scientifique, à l'enseignement du français, des mathématiques et des sciences de la vie et de la Terre (SVT)[48]. »

Rapportée par le magazine *Kaizen*, « l'enquête CoviPrev de Santé publique France, publiée en juin 2020, a noté en France pas moins de cinq heures d'écran par jour pendant le temps libre, et jusqu'à sept heures ou plus pour un quart d'entre nous, les plus diplômés, les télétravailleurs, les urbains et les jeunes ». Selon « l'étude de la société de logiciels antivirus NortonLifeLock, présentée en septembre 2020, les enfants ont passé en France jusqu'à 8 heures 49 devant un écran pendant le premier confinement[49] ».

Malgré les préconisations de l'ANSES invitant les enfants et les adolescents à ne pas dépasser 2 heures par jour de temps

---

47 Michel Desmurget, *La Fabrique du crétin digital. Les dangers des écrans pour nos enfants*, Seuil, 2019.

48 *Ibid.*

49 https://kaizen-magazine.com/article/la-parentalite-numerique-contre-la-societe-des-ecrans/

d'écran consacré aux loisirs, l'addiction ne cesse de croître. Selon le dernier rapport de l'Observatoire national de l'activité physique et de la sédentarité établi conjointement avec l'Université Clermont Auvergne, « 62 % des enfants et 68,9 % des adolescents admettent avoir augmenté leur temps d'écran durant le confinement. [...] Durant le weekend, 93 % des élèves dépassent la limite de 2 h d'écran par jour, la moitié y consacre au moins 6 h, et 10 % rapportent une exposition de 11 h ou plus par jour[50] ». Temps d'écran directement corrélé à une augmentation de la sédentarité, expliquant en partie l'épidémie d'obésité à laquelle nous assistons en France.

Cette omniprésence envahissante est un fait social modifiant en profondeur notre appréhension du monde et notre relation à l'autre. Cet « écran total » influe sur notre capacité d'attention qui peine désormais à dépasser celle du poisson rouge, soit un temps de concentration de huit secondes. Au-delà de ce spasme, notre esprit divague et se perd dans les algorithmes des réseaux sociaux dont la vocation ultime est de nous maintenir dans cette torpeur extatique, cette doucereuse stimulation permanente. Ce que résume Bruno Patino d'une formule : « La tête baissée vers leur smartphone, comme pétrifiés dans une position de soumission universelle[51]. »

Il n'y a donc rien d'étonnant à constater l'explosion de l'hyperactivité et la baisse conjointe des capacités cognitives d'une génération qui a grandi dans l'ère de l'infobésité. Selon certaines études, deux heures ou plus devant un écran conduiraient à une baisse de 4 points du quotient intellectuel des enfants. L'appel répété de ce portable jamais rassasié engendre une fatigue

---

50 https://onaps.fr/wp-content/uploads/2021/04/report_card_2020.pdf

51 Bruno Patino, *La Civilisation du poisson rouge. Petit traité sur le marché de l'attention*, Grasset, 2019.

psychologique particulièrement inquiétante. Chaque notification entretient ce que Céline Cabourg et Boris Manenti considèrent comme un rapport obsessionnel engendrant une forme de stress, une hypervigilance autoentretenue[52].

Et de fait, ce temps d'écran n'est pas sans incidence sur notre aptitude à nous construire dans la durée. Un peu moins de six adolescents sur dix âgés de 15 à 19 ans ont lu un livre au cours de l'année qui s'est écoulée, contre 70 % dix ans plus tôt. Nous assistons, hypnotisés par notre doudou communiquant, à un véritable bouleversement d'ordre anthropologique. Et contrairement à certaines idées reçues, le numérique n'améliore pas notre capacité à comprendre le monde. Ce qu'expliquent Philippe Bihouix et Karine Mauvilly en rapportant la teneur de l'étude OCDE/Pisa indiquant qu'« en moyenne, au cours des dix dernières années, les pays qui ont consenti d'importants investissements dans les technologies de l'information et de la communication dans le domaine de l'éducation n'ont enregistré aucune amélioration notable des résultats de leurs élèves en compréhension de l'écrit, en mathématiques et en sciences[53] ». Trop d'infos brouillent l'info et rendent inintelligible la notion même d'apprentissage qui s'apparente trop souvent à une espèce de gavage numérique fait de stimuli-réponse.

Progressivement, c'est notre capacité à nous construire socialement qui se délite. Notre monde a dissous toute notion de durée pour réduire notre relation au temps à une simple compulsion, ce que d'aucuns nomment le présentisme, cette dictature de l'immédiateté qui nous empêche de nous projeter dans un avenir incertain. Marc Dugain et Christophe Labbé le confirment : « Les prisonniers des data sont comme des pigeons qui

---

52 Céline Cabourg, Boris Manenti, *Portables, la face cachée des ados*, Flammarion, « Flammarion enquête », 2017.

53 Philippe Bihouix, Karine Mauvilly, *Le Désastre de l'école numérique. Plaidoyer pour une école sans écrans*, Seuil, 2016.

picoreraient avec une obstination presque douloureuse des miettes de temps, poussés par l'illusion de stopper la course de Cronos. Croyant vivre pleinement, ils ne sont présents nulle part[54]. »

Le *multitasking*, le fait d'effectuer plusieurs choses à la fois, relève d'une nouvelle forme de polychronie, schizophrénie temporelle supposant que nous aurions acquis la capacité à densifier le temps. « Certes, le multitâche offre le sentiment de puissance, d'ubiquité, d'excitation, il permet de rester en contact permanent, de vivre à cent à l'heure ou de se croire plus "productif". Mais nous commençons – tout juste – à comprendre le prix à payer : du côté des adultes, le syndrome FOMO (Fear Of Missing Out), cette peur permanente de louper quelque chose, une impolitesse galopante, l'illusion d'une meilleure productivité, parfois le burn-out ; du côté des enfants, la destruction de la faculté d'attention, des capacités de concentration, de la possibilité d'accomplir une tâche méticuleuse[55]. »

Contraints de réagir à la dernière publication au risque de passer à côté de ce buzz fugace, nous nous épuisons dans un rythme psychédélique. Rarement une société n'aura autant *réfléchi* sur elle-même. Atteignant l'excellence en matière de narcissisme, elle réfléchit en effet la lumière délétère de tic et de toc, ces mille et un fragments étincelants de notre clone numérique. Ces flashs stroboscopiques sont plébiscités par une cohorte d'épileptiques shootés à la dopamine.

Sans coup férir, l'homme ne se construit plus par la pensée, mais par sa propension à briller de mille feux. Chaque publication engendrant un like ou un partage assoit l'existence de ce petit être virtuel qui attend, apeuré, dans la crainte d'être oublié

54 Marc Dugain, Christophe Labbé, *L'Homme nu. La dictature invisible du numérique*, Pocket, 2017.

55 Philippe Bihouix, Karine Mauvilly, *Le Désastre de l'école numérique*, *op. cit.*

par cet algorithme capricieux. L'insignifiance est à portée de clic. Nous ne nous construisons plus par nous-mêmes, mais par l'entremise du regard de cet autre virtuel. Chaque « e-dentité » n'est plus qu'un agglomérat de superficialités, un « je » à « sommes » nulles.

Ce faisant, les réseaux sociaux deviennent un immense déversoir libidinal où chacun se doit d'attirer le regard de cet ami énigmatique à grands coups de mise en scène de soi et d'extraversion maladive. L'exceptionnel devenant la règle, nous assistons à une fuite éperdue et continue d'images fantasmées, banalisant l'irréel pour mieux sortir du lot. Rendant ainsi un hommage posthume à Guy Debord qui, dans son ouvrage *La Société du spectacle*, affirmait dès 1967 avec une prescience extraordinaire : « Dans le monde *réellement renversé*, le vrai est un moment du faux. »

Collatéralement, l'accélération phénoménale permise par l'outil numérique alliée à ce besoin de se mettre en scène conduit à survaloriser le caractère superficiel de l'existence pour corrompre dans un même mouvement le principe même d'une quelconque intériorité.

La généralisation des liens hypertextes et la cascade d'innovations ergonomiques supposées nous faciliter la navigation tout autant que nous rendre dépendants ont profondément déconstruit la linéarité d'un texte, perdant l'internaute dans les méandres d'un processus sans fin.

Vivre à la surface des choses revient à récuser toute notion de complexité. Pour le plus grand bénéfice des GAFAM et des startupers, chacun est invité à se vivre en nombril du monde attirant le regard, produisant une expertise frelatée dont le caractère définitif compense la vacuité du propos. La punchline remplace ainsi progressivement le travail argumentatif, et Trump finit par devenir une version putride de ce que fut la noble fonction de responsable politique. Dans ce monde 2.0, la forme compte plus que le fond et la violence du verbe écrase facilement le sujet, être vulnérable soumis à la toute-puissance des algorithmes.

Les stratégies mises en place par les oligopoles de la Silicon Valley sont suffisamment élaborées pour que nos réserves initiales se muent en aliénation participative. Voyeurisme et mise en scène conduisent au succès de ces milliers de préadolescentes publiant des vidéos qui en disent long sur ce retour du refoulé. Entre pulsions pédophiles et rêves de gloire à bon marché, les plateformes de streaming sont devenues le creuset d'une vision caricaturale du monde où chacun est appelé à se conformer à une image déformée et dégradée, se vivant en produit à vendre dont la valeur s'établit au nombre de clics. Et pour atteindre cette popularité de pacotille, la vénalité est une norme non écrite, mais bien établie. Alors même que nous assistons enfin à une libération de la parole, dénonciation tant attendue d'un patriarcat réduisant femmes et enfants à de vulgaires objets sexuels, le net érige de très jeunes filles en putes à clic se dandinant pour quelques likes tarifés.

Derrière cette pédophilie «présentable» se cache une généralisation de la pornographie, banalisant une représentation de la sexualité réduite à une accumulation de pénétrations et autres projections masculines fantasmées. Selon Sébastien Bohler, auteur du livre *Le Bug humain,* «35 % des vidéos visionnées quotidiennement sur internet sont des vidéos pornographiques. Chaque année, 136 milliards de vidéos pornographiques sont visionnées par l'humanité, au point qu'à chaque seconde où vous lisez ces lignes 28 000 personnes sont en train de visionner une vidéo pornographique[56] ». Exposés dès le plus jeune âge à cette violence sexuelle évidente, enfants et adolescents sont

---

56 Sébastien Bohler, *Le Bug humain. Pourquoi notre cerveau nous pousse à détruire la planète et comment l'en empêcher*, Robert Laffont, 2019.

conduits à normaliser une vision du monde sexualisée à l'extrême flattant certains instincts primaires tout en prorogeant une domination masculine éculée.

Paradoxalement, cette réification d'un corps hypersexualisé se déploie en dehors de tout lien charnel réel. L'internaute est comme frappé d'hémiplégie sensitive, ses perceptions étant réduites à l'ouïe et à la vue. Le toucher, le goût ou l'odorat sont bannis, entraînant une frustration inouïe. Ce monde virtuel est un espace en deux dimensions, un écran plat sur lequel s'écrase tout désir véritable.

Fort heureusement, l'explosion du streaming ne se résume pas au visionnage de vidéos pornographiques. Les vidéos à la demande représentent en 2021 78 % du trafic mondial contre 60 % en 2016. La plateforme Netflix représente à elle seule 15 % du trafic mondial pour 155 millions de clients.

La zombification du monde est en marche. Ensorcelé par des applications conçues pour être addictives, l'individu perd progressivement son libre arbitre. Après des siècles de sécularisation de nos sociétés, nous assistons à l'avènement des nouveaux prêtres de la technologie, qui assurent leur domination en flattant nos bas instincts. Pire, en développant des systèmes profondément aliénants, la siliconisation du monde réussit à isoler l'individu comme on isole un gène de résistance, en l'enfermant symboliquement dans une bulle cognitive. Cette atomisation aboutit à une *dissociété* composée d'une myriade de consommateurs impénitents dont l'objet du désir se réduit au désir de l'objet. La vie numérique se résume à un combat de tous contre tous pour atteindre cette fugace visibilité, ce quart d'heure de célébrité mondiale tout warholien.

La 5G ne propose rien de moins que d'amplifier cette dérive en assurant les débits nécessaires à l'augmentation continue du streaming. Que 23 % des collégiens somnolent ou s'endorment en classe, que 47 % des 25-29 ans soient myopes (le double d'il y a quarante ans) ou que 74 % des ados profitent d'un réveil nocturne pour consulter leur portable est un non-sujet pour les thuriféraires de la 5G. Pour ces derniers, la technologie est neutre et apolitique.

Ces chiffres ne font que confirmer les avertissements de l'ANSES, laquelle, dès juin 2016, alertait les responsables politiques en ces termes : « Les résultats des études épidémiologiques mettent en évidence une santé mentale affectée chez les adolescents ayant un usage problématique du téléphone mobile. » L'agence recommandait ainsi « d'adapter les valeurs limites d'exposition réglementaires afin de prendre en compte les spécificités des enfants relatives à leur exposition aux radiofréquences[57] ». Depuis, silence radio. Pire, le gouvernement accélère le pas en justifiant sa décision par des approximations et des balivernes. Mais en cette ère post-Trump, la vérité a laissé place à une nouvelle forme de relativisme scientifique.

57 www.anses.fr/fr/system/files/AP2012SA0091Ra.pdf

FAKEBOOK…

Le monde du numérique a banalisé l'infox. À la vitesse des réseaux sociaux se répandent contre-vérités, approximations et autres fadaises dignes d'un café du commerce. La possibilité de liker, de partager ou de commenter ces demi-mensonges les rend particulièrement nocifs. De loin en loin, ils acquièrent une légitimité ou à tout le moins créent un bruit de fond où se mélangent vrai et faux, demi-vérités et manipulations pleinement assumées.

Une publication acquiert ainsi une légitimité non plus grâce à sa qualité intrinsèque, mais en raison de sa charge virale. De ce fait, un mensonge commenté mille fois ou partagé à dix mille reprises se transforme en une vérité incontestable. Émerger du brouhaha grâce au buzz devient ainsi une règle non écrite des maîtres en manipulation.

Cette loi implacable est appliquée avec professionnalisme par tout ce que compte de lobbyistes le secteur de la téléphonie mobile. Pour pourfendre amish et militants prétendument irrationnels, mus par une peur panique de l'innovation, du progrès et de l'avenir, rien ne vaut la caricature – à manier avec la subtilité du mammouth dans un magasin de porcelaine. Et pendant ce temps-là, ministres, sous-ministres et opérateurs sont appelés à la rescousse pour assurer le service après-vente.

Constatant les effets dévastateurs d'une défiance de l'opinion publique à l'égard des conséquences sanitaires des champs électromagnétiques, plusieurs membres éminents du gouvernement se sont relayés pour imposer dans le débat public une donnée présentée comme « incontestable ». Cédric O, secrétaire d'État chargé du numérique, manie la « fakebook » avec une dextérité qui ne manque pas d'impressionner. C'est ainsi qu'en septembre

2020, sur Public Sénat, il affirme : « Il y a eu 28 000 études dans le monde depuis 1950, il n'a jamais été avéré qu'il y avait des effets sanitaires des ondes téléphoniques en dessous des seuils minimums d'exposition[58]. » Ce chiffre se présente comme une évidence. C'est un argument d'autorité et personne n'ose contester une donnée avancée par un membre du gouvernement, ancien conseiller numérique du chef de l'État *en même temps* que du Premier ministre. De fait, ce multirécidiviste de l'approximation use et abuse de son statut d'e-responsable pour imposer dans le débat public ce qui n'est qu'un simple mensonge asséné avec la foi du lobbyiste et manipuler l'opinion. Ce que certains nomment pudiquement une infox à l'heure de la post-vérité est une tromperie pure et simple dont sont trop souvent coutumiers les petits soldats du libéralisme reconvertis pour l'occasion en agents de l'État.

Cette affirmation prend ouvertement le contrepied de l'ANSES qui affirme explicitement sur son site qu'il existe, pour la 5G en particulier, « un manque de données scientifiques », avant d'ajouter : « Le travail d'identification des publications a mis en évidence un manque important, voire une absence de données relatives aux effets biologiques et sanitaires potentiels dans les bandes de fréquences considérées[59]. »

La force de la stratégie gouvernementale est qu'elle s'inscrit dans un flux médiatique permanent qui engendre une certaine forme d'amnésie. Une infox chasse l'autre et le temps de l'analyse et de la vérification n'est qu'un contretemps arrivant bien souvent trop tard.

Les services de vérification de l'info mis en place par la plupart des rédactions ont beau tenter de réintroduire de la rigueur

58 www.publicsenat.fr/emission/bonjour-chez-vous/invite-cedric-o-184210

59 www.anses.fr/fr/content/la-technologie-5g

et du temps long dans cette course poursuite dont la vérité est la victime expiatoire, le fait est que la parole d'un ministre ou d'un secrétaire d'État revêt une légitimité qui lui permet de faire passer des mensonges pour des évidences.

D'autant qu'avant de contester ce chiffre de 28000 études, il faut retrouver d'où est extraite cette donnée, à quoi elle fait référence, et qui l'a produite. Durant cette période d'enquête, l'infox circule et acquiert ce statut si envié de vérité incontestable... car incontestée. Or, ce chiffre est extrait d'un rapport rédigé par quatre inspections, dont l'Inspection générale des affaires sociales. Sans chercher plus loin, les auteurs de cette «information» représentent une source suffisamment crédible pour que cette donnée soit reprise sans distance.

Mais à y regarder de plus près, le rapport de ces inspections n'affirme aucunement que ces 28000 études dédouaneraient la téléphonie mobile en général et la 5G en particulier d'effets sanitaires. Remis en septembre 2020, ce document affirme, en page 41, que «la base de données EMF Portal, dédiée aux effets des radiofréquences, comporte plus de 28000 études publiées en anglais ou en allemand dans des revues à comité de lecture, dont 4600 ont trait spécifiquement à la téléphonie mobile[60]».

De fait, le secrétaire d'État fait référence à des études qui pour la majorité d'entre elles n'ont pas de rapport avec les ondes et fréquences utilisées par la téléphonie mobile, et ce pour rassurer l'opinion publique. À moins d'être en service commandé, le rôle d'un membre du gouvernement n'est pourtant pas de rassurer, mais de fonder la décision publique à partir de données scientifiques objectives.

60 www.francetvinfo.fr/internet/telephonie/5g/existe-t-il-vraiment-28000-etudes-qui-prouvent-la-non-nocivite-des-ondes-telephoniques-sur-la-sante-comme-l-affirme-cedric-o_4114497.html

Ce que certains journalistes ont fait en analysant non pas la quantité d'études ayant trait à la téléphonie mobile, mais leurs qualités intrinsèques. Sur 2248 études publiées dans des revues médicales de référence, 23 % ne trouvent aucun effet sanitaire des ondes en question, 9 % parlent d'un effet incertain quand 68 % mettent en évidence un effet biologique ! Loin, très loin des propos lénifiants d'un secrétaire d'État préparant sans doute son atterrissage prochain dans un grand groupe international.

Pire, à moins de mélanger des pruneaux et des bananes, il est pour le moins approximatif d'aborder les études sur la téléphonie mobile comme si les effets n'étaient pas spécifiques aux fréquences utilisées. Or, la fameuse base de données EMF Portal ne recense que 175 études abordant directement les éventuels effets de la 5G sur la santé, certaines d'entre elles assumant pleinement le fait que l'impact de la 5G, notamment sur les enfants, n'a jamais été évalué.

Le secrétaire d'État et à sa suite le PDG d'Orange useront jusqu'à la corde de cet argument éculé. De 28000 études, il n'y a jamais eu. Mais le mal est fait. Et cet énorme bobard se répand pour acquérir le statut enviable de « vérité ». Dans notre monde orwellien, la déférence à l'égard du pouvoir en place autorise ce dernier à faire passer de la pure propagande pour un argument raisonnable. Sans que cela ne nuise aucunement à la crédibilité de l'imposteur.

Dans ce grand jeu du faux vrai et du vrai faux, tous les étages institutionnels sont mis à contribution. Avec le Black Friday et les festivités de Noël en point de mire, l'Agence nationale des fréquences (ANFR) réserve au *Journal du dimanche* une belle exclusivité en diffusant la carte des 15901 antennes relais autorisées à émettre en 5G, réparties sur 6886 communes. Le message implicite adressé aux consommateurs est qu'après avoir attribué prestement les fréquences sans débat ni évaluation, les opérateurs et équipementiers sont fin prêts et n'attendent que le chaland pour vendre le joli cadeau qui ira se glisser sous le sapin de Noël... L'ANFR, agence d'État supposée indépendante, participe à une vaste opération promotionnelle en communiquant des informations tronquées dont la seule vocation est de booster les ventes de mobiles compatibles 5G. Mais à y regarder de plus près, il apparaît bien vite que cette explosion soudaine d'antennes 5G mérite analyse. Loin des promesses des opérateurs, le réseau développé par Free, par exemple, s'appuie principalement sur des antennes émettant sur des bandes de fréquences 700 MHz dont le débit est souvent inférieur à la 4G ! À peine un quart des antennes annoncées par l'ANFR comme autorisées sont de « vraies » antennes 5G émettant dans la bande de fréquences 3,5 GHz.

Mais l'essentiel pour ce petit monde de la téléphonie mobile est avant tout de vendre forfaits et smartphones à un consommateur extatique manipulé par une publicité mensongère.

INSPECTEURS GADGETS

Face à l'amplification de la mobilisation contre la 5G, le gouvernement n'avait d'autre choix que celui de passer à l'action. Par atavisme, nos responsables politiques ont pour réflexe de faire leur la formule de Clemenceau qui préconisait de créer une commission pour enterrer un problème. L'institution étatique a depuis complété sa boîte à outils, ajoutant ici un rapport, là un débat, la saisine d'une agence ou encore l'audition d'un panel d'experts. L'enjeu n'est cependant pas d'éclairer la décision politique, mais de la diluer dans le temps, entretenant souvent à dessein un flou qui n'a rien d'artistique. Deux siècles avant Georges Clemenceau, c'était le cardinal de Retz qui affirmait qu'on ne sort de l'ambiguïté qu'à son détriment. Leçon retenue puisqu'en matière de téléphonie mobile, tout est fait pour créer un brouillard impénétrable permettant à un gouvernement de conclure à l'innocuité de la 5G sans avoir lancé une étude d'impact préalable et en l'absence de résultats probants.

À la suite des conclusions de la Convention citoyenne pour le climat exigeant une évaluation environnementale et climatique de la 5G avant tout déploiement de ce nouveau standard[61], ainsi que des débats entourant les recours engagés par les associations Agir pour l'environnement et Priartem devant le Conseil d'État, le gouvernement s'est senti contraint de faire un geste.

---

61 Proposition de la Convention citoyenne pour le climat : « Dans une logique d'écoconception des services, nous proposons d'évaluer les avantages et les inconvénients de la 5G par rapport à la fibre avant et non après avoir accordé les licences pour son développement mais aussi d'initier/conseiller à l'utilisation de la solution la moins impactante pour l'environnement. Instaurer un moratoire sur la mise en place de la 5G en attendant les résultats de l'évaluation de la 5G sur la santé et le climat. »

Mais au lieu d'annoncer un vaste débat public sous l'égide de la Commission nationale du débat public ou le lancement d'une étude d'impact comme l'exigerait pourtant la réglementation européenne, le gouvernement a saisi les services d'inspection de quatre ministères sans pour autant consentir à décaler l'attribution des fréquences 5G prévue en novembre 2020.

La lettre de mission cosignée par les ministères de l'Écologie, de la Santé et de l'Économie, datée du 2 juillet 2020, accorde généreusement deux mois aux inspecteurs de l'Inspection générale des affaires sociales, du Conseil général de l'environnement et du développement durable, du Conseil général de l'économie et de l'Inspection générale des finances pour remettre leurs conclusions.

Ces devoirs de vacances ne pouvaient que tourner à la plaisanterie tant le délai et la période se prêtaient mal à un travail sérieux. D'autant que le gouvernement s'est assuré, en millimétrant le contenu de ladite lettre de mission, qu'aucune mauvaise surprise ne sortirait de ce rapport estival.

Expédié en quelques semaines d'un travail qu'on imagine intense, le contenu de ce rapport s'appuie sur un questionnaire rédigé par la direction générale des entreprises, envoyé au réseau international de la Direction générale du Trésor, mandaté pour collecter les réponses émanant des autorités sanitaires d'une dizaine de pays étrangers. Les inspecteurs sont également sommés de s'appuyer sur les travaux de la Commission internationale de protection contre les rayonnements non ionisants (ICNIRP) dont la proximité avec l'industrie du mobile est un fait établi. À noter que cette lettre de mission oublie soigneusement d'inviter les inspecteurs à se rapprocher des experts de l'ANSES qui travaillent pourtant de longue date sur les effets sanitaires des champs électromagnétiques. Parce que le temps est compté avant l'attribution des fréquences, l'évaluation environnementale, climatique et énergétique est simplement occultée. Quant aux impacts sanitaires de l'addiction au numérique, c'est également un angle mort de cette inspection.

Alors que la lettre de mission fixe pour date limite de rendu du rapport des inspections le 7 septembre 2020, les associations découvrent avec un certain étonnement, dans le cadre d'un mémoire que la direction générale des entreprises adresse au Conseil d'État le 31 juillet 2020, les propos de son directeur affirmant tout de go : « Il ressort de ces premières contributions qu'aucun risque avéré en matière sanitaire ou environnementale n'a été mis en évidence concernant les déploiements 5G. »

Les inspecteurs qui n'ont pas encore eu le temps de se pencher sérieusement sur le rapport, et qui ne recevront les associations qu'un mois plus tard, sont donc priés d'intérioriser les a priori de la direction générale des entreprises, qui, rappelons-le, est une direction du ministère de l'Économie dont, bien sûr, la compétence en matière de sécurité sanitaire est connue et reconnue de tous...

De surcroît, ces quatre inspections ne trouvent rien à redire au fait que l'ANSES puisse effectuer à peu de chose près la même tâche, à la notable différence que les experts de l'agence se refusent à bâcler leurs travaux. L'ANSES a dit, répété et assumé un principe : on ne produit pas une expertise rigoureuse avec un pistolet sur la tempe. Ceci explique sans doute la volonté du gouvernement de simuler une expertise en passant par des inspections perçues comme plus dociles et moins rétives à rendre un rapport sur mesure.

Comme de mauvaise coutume, l'État manœuvre en sous-main afin d'obtenir ce qu'il souhaite, à savoir asseoir sa décision sur une « expertise » présentée comme indépendante. Coup double, le gouvernement répond aux 150 citoyens de la Convention citoyenne pour le climat qui réclamaient, avant toute décision, d'évaluer l'impact écologique et sanitaire de la 5G. Que ce rapport d'inspection soit pour le moins incomplet importe peu à un gouvernement pour lequel seule compte la forme. Le vernis d'indépendance que lui octroient les inspecteurs est largement suffisant pour ces lobbyistes à la petite semaine qui font temporairement profession de ministres.

PETIT CONSEIL

Croire en la justice de son pays requiert une sacrée dose d'angélisme. Car la séparation des pouvoirs pensée par Locke et Montesquieu voilà trois siècles bute sur un exercice du pouvoir qui emprunte à la monarchie quelques-uns de ses pires faux-semblants. Lorsque le gouvernement signe un décret ou un arrêté, il vous faut, pour le contester, saisir le Conseil d'État dont le vice-président est nommé, conformément à l'article 13 de la Constitution, par le chef de l'État sur rapport du Premier ministre et de la ministre de la Justice. Notre roi Soleil démocratiquement élu ne nomme pas le président du Conseil d'État, car comme le rappelle elle-même l'institution, «la présidence du Conseil d'État est confiée au Vice-président. Cette appellation est le lointain souvenir de l'époque où le Conseil d'État était effectivement présidé par le chef de l'État ou par une autorité politique[62] ».

Le *vice*-président est ainsi à la vertu ce que la séparation des pouvoirs est à notre bonne vieille démocratie. Un faux-semblant dont chacun peut mesurer le caractère imparfait. D'autant que depuis le 16 mai 2018, notre pourfendeur d'amish préféré a nommé en tant que vice-président du Conseil d'État un certain Bruno Lasserre. Ce dernier n'est pas un total inconnu dans le petit monde de la téléphonie mobile. Il fut, dans les années fastes du thatchérisme triomphant, l'architecte de la privatisation de l'opérateur historique France Telecom et de la libéralisation du secteur des télécommunications au sein de l'Autorité de la concurrence.

Après un demi-siècle consacré à la défense de l'environnement, Maîtres Corinne Lepage et Christian Huglo ont largement eu le temps d'expérimenter les ambiguïtés de la plus haute

---

62 www.conseil-etat.fr/le-conseil-d-etat/organisation/le-vice-president

juridiction administrative hexagonale. Dans un ouvrage retraçant cinquante ans de combats judiciaires, ils en ont tiré quelques enseignements qui sonnent comme une sentence définitive : « Il est plus que temps de mettre un terme au rôle du Conseil d'*État*, conseil et juge du Gouvernement, ce qui constitue un conflit d'intérêts permanent et évident, sans parler bien sûr des portes tournantes des membres du Conseil d'*État* entre l'administration active, les grandes entreprises et les cabinets d'affaires – américains de préférence[63]. »

C'est dans ce cadre juridico-institutionnel contraint que les associations Priartem et Agir pour l'environnement ont décidé de saisir le Conseil d'État pour tenter de faire annuler les décret et arrêté définissant les procédures d'attribution des fréquences 5G. Cosignés par le ministre de l'Économie, celui du Budget et par le secrétaire d'État en charge du numérique, ces deux textes paraissent au *Journal officiel* les 30 et 31 décembre 2019.

C'est généralement la période propice à l'adoption de mesures que l'on souhaite cacher au plus grand nombre. C'est à cette même époque que le gouvernement publie un décret fixant un périmètre présenté comme protecteur de la santé des riverains contre les pesticides de seulement 3 mètres. C'est aussi durant la trêve des confiseurs que le gouvernement signe la reconnaissance de l'utilité publique d'une liaison autoroutière entre Thonon-les-Bains et Machilly, tout en multipliant les discours grandiloquents sur l'impérieuse nécessité de lutter avec détermination contre le dérèglement climatique.

Cette fin d'année 2019 marque donc le début d'un long parcours du combattant judiciaire visant à faire annuler les attributions des fréquences 5G. Ce combat judiciaire durera exactement

63 Corinne Lepage, Christian Huglo, *Nos batailles pour l'environnement. 50 procès, 50 ans de combats*, Actes Sud, 2021.

un an, jour pour jour. C'est en effet le 31 décembre 2020, à 17 h 42, que les premiers médias relaient une dépêche publiée par l'Agence France Presse se faisant l'écho du rejet du recours des associations. Juste avant de sabler le champagne, le Conseil d'État a diffusé la décision à certains journalistes triés sur le volet sans en informer les requérants et leurs avocats. Façon habile d'empêcher les associations de réagir publiquement, faute de disposer d'informations précises et validées. D'autant qu'en cette période de festivités, à peine ternie par la pandémie de Covid-19, les journalistes sont aux abonnés absents.

Le rejet par le Conseil d'État des recours engagés par les ONG est d'autant plus curieux que le 18 décembre 2020, l'audience publique avait permis au rapporteur public de faire droit aux demandes des avocats d'Agir pour l'environnement et de Priartem. François Lafforgue et Hermine Baron, avocats réputés du cabinet TTLA, avaient en effet suggéré au Conseil d'État de saisir la Cour de justice de l'Union européenne (CJUE) d'une question préjudicielle. Il est extrêmement rare que les conclusions du rapporteur public ne soient pas reprises par le Conseil d'État. C'est pourtant ce qui est advenu : la section contentieuse du Conseil d'État a rejeté purement et simplement cette demande de saisine de la CJUE.

Cette demande n'était pourtant pas suspensive du déploiement de la 5G. Les avocats des associations proposaient, si le Conseil d'État ne s'estimait pas en capacité de statuer, de vérifier auprès de la juridiction européenne si l'attribution des fréquences 5G devait être précédée d'une estimation environnementale comme l'exige la directive européenne 2001/42/CE relative à l'évaluation stratégique environnementale[64].

64 https://eur-lex.europa.eu/legal-content/FR/TXT/HTML/?uri=CELEX:32001L0042&from=FR

Durant toute la procédure contentieuse, la direction générale des entreprises du ministère de l'Économie et l'ARCEP n'ont eu de cesse de contester le fait que ce déploiement s'inscrivait dans la lettre et l'esprit de la directive dite « plans et programmes ». En son article 3, le champ d'application de cette directive rappelle pourtant qu'une évaluation environnementale est effectuée pour tous les plans et programmes élaborés pour les secteurs de l'agriculture, de la sylviculture, de la pêche, de l'énergie, de l'industrie, des transports, de la gestion des déchets, de la gestion de l'eau, des télécommunications, du tourisme, de l'aménagement du territoire urbain et rural ou de l'affectation des sols.

À moins d'estimer que la 5G n'est pas la cinquième génération de téléphonie mobile et ne fait donc pas partie du secteur des télécommunications, la directive européenne relative à l'évaluation environnementale des plans et programmes aurait dû s'appliquer. Mais en droit, personne n'est à l'abri d'arguments fallacieux versés au dossier par la partie adverse. Le contradictoire permet ainsi au gouvernement d'user et abuser d'arguments relevant du sophisme. Sommé de s'expliquer sur l'absence d'évaluation environnementale, le gouvernement a fait le tour des chancelleries européennes afin de démontrer qu'aucun pays n'avait considéré la 5G comme un dossier « télécommunication » soumis en cela à la directive européenne sur les plans et programmes. Voilà comment, pour le gouvernement, une illégalité répétée douze ou quinze fois se mue en légalité de fait. À l'avenir, si l'on suit ce raisonnement, un groupe d'automobilistes pourra faire reconnaître comme légal le fait de dépasser les vitesses autorisées s'ils sont suffisamment nombreux à ne pas avoir vu le panneau de signalisation…

Durant toute la procédure contentieuse, les représentants du gouvernement (à la notable exception des ministères de la Santé et de l'Écologie qui brilleront par leur absence persistante) feront feu de tout bois pour justifier l'injustifiable. Allant même jusqu'à contester l'« intérêt à agir » des requérants associatifs. Des associations comme Priartem et Agir pour l'environnement, mobilisées depuis plus de vingt ans sur les sujets de téléphonie, participant à la plupart des instances de dialogue et de concertation ne sont pas, selon ce gouvernement, suffisamment légitimes pour contester les errements en matière de téléphonie mobile. Fort heureusement, au moins sur ce point-là, le Conseil d'État n'a pas suivi les élucubrations des représentants du ministère de l'Économie.

La contestation des attributions de fréquences a laissé un goût amer aux associations qui ont pu constater les limites des stratégies judiciaires. Comme le débat public, la justice administrative peut parfois déboucher sur des évolutions à la marge, mais rarement remettre en cause le fond des dossiers traités. Les autorités indépendantes ne doivent leur survie qu'à un accord implicite consistant à ne pas bousculer le système qui les a enfantées.

DIALOGUE DE SOURDS

La crise des élites s'explique en partie par une méprise savamment entretenue par les représentants du peuple. Nombre d'élus attendent l'élection comme un blanc-seing qui les autoriseraient à gérer la chose publique tel un gestionnaire de biens ne devant rien à personne. La démocratie, haut lieu de la confrontation d'idées, se réduit ainsi à un simple concours de beauté le temps d'une élection. Le citoyen est appelé à n'être qu'un électeur se défoulant une fois tous les cinq ou six ans, rongeant son frein le reste du temps.

Par facilité, l'élu privilégie le confort douillet de l'institution aux frictions toujours incertaines du débat public. Isolé, il verse des larmes de crocodile en regrettant régulièrement la plaie béante le séparant d'une relation directe avec les citoyens. Cet abus de pouvoir qui ne dit pas son « non » entretient l'idée selon laquelle le citoyen est un « gène de résistance » dont il faut se méfier. Malentendu originel qui conduit à exacerber les conflits, faute de pollinisations croisées. Le projet politique, quand il existe, se construit ainsi à l'abri du regard des citoyens, s'appuyant sur des agences de communication dont le rôle est de rendre intelligibles quelques idées venues « d'en haut ». Cet exercice vertical du pouvoir aux relents monarchiques est particulièrement infantilisant, mais fait régulièrement la preuve de son efficacité. Se détournant de tout engagement au long cours, replié sur sa sphère privative et se vivant comme un consommateur impénitent, l'électeur finit par intérioriser le fait qu'il est un citoyen à temps partiel, gavé de sondages et de petites phrases.

Mais l'exercice solitaire du pouvoir confine souvent à l'onanisme. Chacun, qu'il soit élu ou citoyen, constate l'imperfection du système démocratique et appelle à une plus grande intrication des citoyens dans la décision politique. L'innovation démocratique fait alors son œuvre et accouche de dispositifs qui, à première vue, obligent l'élu à entrouvrir les portes du pouvoir.

Malheureusement, même si le diagnostic d'une démocratie malade ne fait plus l'ombre d'un doute, peu acceptent de renoncer aux ors de la République. La soupe est bonne et s'en priver est toujours un sacrifice. Contraints et forcés, les élus modifient donc la forme pour mieux préserver le fond. Ici un débat public, là une conférence de citoyens. Chacun est appelé à prendre part à des dispositifs creux, dont la finalité est d'ordre tautologique : le débat pour le débat. Dit autrement, certains élus acceptent à reculons d'organiser non pas un débat contradictoire, transparent et pluraliste, mais une vague information dont les conclusions sont écrites par avance. Les associations sont ainsi régulièrement appelées à prendre part à de vastes concertations multiacteurs durant lesquelles le « cause toujours » est un principe non écrit, mais pleinement appliqué.

La 5G n'échappe pas à cette règle implicite. Après avoir participé au Grenelle des Ondes en 2009, les associations sont invitées à contribuer activement aux travaux du comité de dialogue de l'ANFR, à son équivalent mis en place par l'ANSES ou à moult instances départementales supposées revitaliser une démocratie moribonde. Mais ne nous y trompons pas, l'objectif est d'éteindre l'incendie en rejouant *ad nauseam* la fable du Corbeau et du Renard. Reconnaître l'expertise des représentants associatifs entre deux salves de petits fours est une recette aussi vieille que le monde. Qu'il s'agisse d'une variante du syndrome de Stockholm qui voit les ennemis d'hier pactiser autour d'un café ou de l'institutionnalisation à marche forcée des ONG, le pouvoir a mille et un tours dans sa besace pour faire taire les opposants. Le chant des sirènes est doux aux oreilles de celui qui ne s'est pas préparé à endurer cette lente acculturation aux jeux institutionnels.

Mais pour qui sait garder une saine distance avec les pouvoirs en place, l'honnêteté ne peut que conduire à reconnaître l'efficacité toute relative de ces instances de dialogue. Au mieux, les associations pourront approcher tel ou tel fonctionnaire, faire passer quelques messages et arracher des bribes d'informations noyées dans des hectolitres de verbiages technocratiques. Pour l'institution qui accepte cette concession procédurale, ce jeu de dupes n'est pas dénué d'arrière-pensées. Pendant que les responsables d'ONG s'institutionnalisent dans ces enceintes dysfonctionnelles et s'égosillent à tenter de se faire entendre à défaut d'être écoutés, les opérateurs profitent de ce répit pour avancer leurs pions et installer des antennes relais.

Il arrive souvent que la ficelle soit tellement grosse qu'elle en devienne indigeste. Les associations qui participent au comité de dialogue de l'ANFR ont ainsi pu expérimenter la duplicité de l'État qui, non content d'endormir les ONG dans des instances léthargiques, a créé un comité de suivi et de transparence 5G ouvert aux seuls élus locaux. D'un côté un comité réservé aux amish auxquels on sert du jus de carottes bio, de l'autre une enceinte de dialogue entre gens de bonne compagnie avec qui on peut enfin étudier sereinement l'acceptabilité sociale de la 5G et les moyens à mettre en œuvre pour contourner grains de sable et autres empêcheurs d'installer des antennes en rond...

Ayant plusieurs fers au feu, le gouvernement lance également de vastes concertations qui, depuis le Grenelle de l'environnement, n'ont d'autre but que celui de saturer l'espace médiatique. Sur l'instant, la nouveauté du procédé attire l'intérêt des journalistes et fait parler du sujet traité. La société du spectacle se délecte de ce genre de mise en scène, car elle peut remplir le vide cathodique sans risquer de changer la donne politique. La conférence citoyenne pour le climat rassemblant 150 Français tirés au sort s'inscrit dans ce mouvement perpétuel où sont réchauffées des idées mille fois évoquées avec la prétention d'inventer du « déjà-vu-à-la-télé ». Et ce d'autant plus facilement que l'innovation démocratique que représentent les conférences de citoyens repose sur la sélection de personnes motivées, mais peu au fait des chausse-trappes prévues par l'institution. Car l'État a le pouvoir du temps et la capacité de gommer patiemment les quelques aspérités qui auraient échappé à la vigilance des censeurs de tout poil. D'autant que les choses sérieuses débutent à l'instant où les caméras et les micros sont rangés, lorsque les journalistes n'assurent plus leur rôle de vigie et d'alerte.

C'est très exactement ce qui s'est passé avec les 149 mesures adoptées par la Convention citoyenne sur le climat. Réunissant les 150 citoyens dans le cadre bucolique des jardins de l'Élysée, le chef de l'État s'était engagé à reprendre « sans filtre » l'ensemble des mesures, excepté trois « jokers » qu'il assumait pleinement. Mais un joker peut en cacher un autre. Escomptant sans doute une amnésie partielle des 150 citoyens, Emmanuel Macron a ensuite enchaîné de nouveaux jokers, érodant l'ambition initiale des mesures proposées par la Convention. Comme de coutume, l'ambition s'est délitée à mesure que l'on s'approchait de la mise en œuvre des conclusions. Les responsables politiques, écartés dès l'origine du processus, ont ainsi pris leur revanche et imposé une ligne conservatrice qu'ils n'avaient jamais renoncé à appliquer. La Convention citoyenne pour le climat n'a été qu'une parenthèse bien vite refermée par un monde politique arc-bouté sur une légitimité élective vacillante.

Pendant que le chef de l'État innove en sortant de son chapeau ici une conférence de citoyens, là une Convention citoyenne sur le climat ou un grand débat sans lendemain, on en oublie que la France s'est dotée d'un outil, la Commission nationale du débat public (CNDP), dont le métier est justement d'organiser des débats publics. Mais celle-ci semble avoir le démérite de respecter un protocole limitant le risque de manipulations de l'État. Méfiant à l'égard d'un outil qu'il ne maîtrise pas intégralement, le gouvernement s'est bien gardé de saisir la CNDP afin de mener à bien un véritable débat public sur la 5G.

BOUYGUES BROTHER IS WATCHING YOU

Face aux critiques dont fait l'objet la 5G, une question simple mérite d'être posée : à quoi servira ce nouveau standard? La réponse semble pourtant mettre dans l'embarras nombre d'acteurs économiques. Car par-delà les éléments de langage construits pour les besoins de la cause par certains opérateurs, il apparaît désormais clairement que la 5G, avant d'être motivée par une demande sociale, est un pari, un espoir et surtout une crainte de passer à côté d'une hypothétique success-story. La Silicon Valley et ses pépites de l'Ouest hypnotisent les investisseurs qui n'espèrent qu'une chose : toucher du doigt la martingale en misant sur l'acteur économique qui saura devenir l'un des maillons essentiels du numérique de demain. L'OPA victorieuse des GAFAM sur l'internet est et restera un traumatisme vivace pour qui cherche à déceler le prochain Google, Amazon, Facebook, Uber ou Airbnb.

De ce fait, la télémédecine ou les applications industrielles permettant d'accroître la productivité de la chaîne logistique ne font illusion que pour celles et ceux qui énoncent ces fadaises. Ces usages, pour possibles qu'ils soient, n'en demeurent pas moins totalement anecdotiques, l'arbre qui cache la forêt.

Investisseurs, opérateurs et équipementiers peinent à assumer la réalité des futurs usages envisagés, car les énoncer publiquement reviendrait à engager un débat public sur l'utilité sociale de telle ou telle innovation. Or, ces acteurs économiques détestent plus que tout devoir s'abaisser à échanger avec ce bas peuple tour à tour technophile et technophobe, se méfiant de cette opinion publique perçue comme versatile et surtout malléable. Or, certaines innovations détermineront dans un avenir proche notre rapport à l'autre et modifieront vraisemblablement en profondeur le cadre même de notre démocratie.

Raison pour laquelle ces acteurs économiques se refusent à énoncer simplement les usages futurs qu'ils escomptent normaliser à grands coups de stimuli publicitaires. D'ici 2024, Ericsson, l'un des principaux fabricants de mobiles, envisage la commercialisation de plus de 22 milliards d'objets connectés, dont les trois quarts le seront grâce à la 5G. Il ne faut pas être grand clerc pour lire entre les lignes de cette stratégie. La prédation des données personnelles fait le succès des principaux réseaux sociaux et moteurs de recherche qui monétisent nos clics et notre soif d'extraversion. Mais la rentabilité de ces acteurs du numérique demeure étroitement liée à une action engagée par l'utilisateur. Sans publication quotidienne, sans like ou sans partage, il demeure délicat de dessiner les contours d'un profil numérique et lui associer une offre publicitaire supposée anticiper l'envie d'un consommateur.

Avec la généralisation de l'internet des objets, il y a fort à craindre que la captation de données aille crescendo, avec ou sans notre consentement éclairé. Avec en moyenne une cinquantaine de mouchards communicants installés dans les interstices de la vie privée, nos moindres faits et gestes pourront faire l'objet d'un post-traitement extrêmement fin. À quelle heure rentrez-vous chez vous, que reste-t-il dans votre réfrigérateur, votre nouveau-né a-t-il sa couche pleine, votre progéniture s'est-elle brossée correctement les dents, votre matelas a-t-il reçu la visite d'une seconde personne, d'un poids de 63 kilogrammes à 16 h 42… Pour notre bien, la police de la pensée veillera à l'avenir à tout. Elle s'assurera surtout que nous n'oubliions pas de *dé-penser*. Cette dystopie n'est d'ores et déjà plus un simple cauchemar pour auteurs de science-fiction décrivant un futur plus ou moins lointain. À tel point que la très sage Commission nationale informatique et liberté (CNIL) s'est déjà sentie obligée d'émettre quelques conseils quant à la bonne utilisation des enceintes connectées, notamment couper le micro, éteindre ou débrancher l'appareil lorsque nous ne souhaitons pas être écoutés et être vigilants sur le fait que les propos tenus face à l'appareil peuvent enrichir notre profil publicitaire... Serrure numérique, couche connectée, brosse à dents intelligente ou frigo communicant sont déjà commercialisés et devraient se généraliser rapidement sous la pression des acteurs économiques qui se délectent de pouvoir exploiter nos traces numériques.

Malgré le fait que la notion de propriété privée ait été consacrée très tôt dans la Constitution de la plupart des pays occidentaux, il apparaît désormais évident que nous sommes progressivement en train de basculer dans une nouvelle norme juridique où le respect scrupuleux de la sphère domestique devient a priori suspect. Que l'entité juridique qui capte la donnée soit une multinationale et non pas l'État n'y change rien. L'œil inquisiteur s'immisce partout tout le temps.

Ce que certains n'hésitent plus à nommer une « sousveillance » est une nouvelle forme de voyeurisme que d'aucuns peinent encore à assumer pleinement. D'où ces petites cachoteries d'acteurs économiques de premier plan... Or, l'équilibre financier de la 5G passe par la monétarisation des informations personnelles. Que cette stratégie puisse reposer sur une violation de propriété importe peu, car les opérateurs savent très bien que ce qui peut apparaître comme un droit inaliénable s'érodera facilement sous la pression insidieuse de la publicité. Chaque année, les quatre principaux opérateurs hexagonaux dépensent plus de 900 millions d'euros pour rendre indispensable demain ce qui était inutile hier. En y ajoutant les principaux équipementiers et l'ensemble des multinationales qui fourbissent leurs armes pour entrer de plain-pied dans le monde mirifique de l'internet des objets (de Colgate avec sa brosse à dents à Pampers avec sa couche connectée…), la 5G s'immiscera de gré ou de force dans nos vies et nos envies.

L'intimité, frappée d'obsolescence programmée, va succomber à cette glasnost généralisée. Chacun sera ainsi sommé de se conformer à cette privatisation de l'espace privé. Il aura fallu plus de deux siècles pour généraliser et faire accepter le panoptique des frères Bentham[65]. Insidieuse, la surveillance n'en est pas moins réelle. Elle est même revendiquée par les principaux acteurs de cet espionnage, comme Hal Varian, économiste en chef de Google, qui affirme sur un air badin : « D'ici 2025, le débat sur la vie privée semblera pittoresque et vieux jeu. […] Tout le monde s'attendra à être suivi et surveillé, puisque les avantages, en termes de confort, de services et de sécurité, seront immenses. Il y aura évidemment des limitations sur la façon d'utiliser les données, mais la surveillance permanente sera la norme[66]. »

Chacun sera ainsi appelé à se vivre comme l'acteur de son propre spectacle, se mettant en scène pour ne pas laisser transparaître ses faiblesses et préserver ce qu'il lui restera de jardin secret. Une nausée matinale et le flot des publicités pour femme enceinte s'enclenchera ; une douleur à la poitrine et votre prime d'assurance évoluera à la hausse ; une odeur de tabac, un verre de trop le soir et c'est l'accès à l'emprunt qui vous sera refusé.

Que dirions-nous d'un pouvoir politique qui collecterait plus de 5 000 données sur chaque citoyen à l'aide de dispositifs violant son intimité personnelle ? La mansuétude dont font l'objet les GAFAM en dit long sur notre conditionnement idéologique. Depuis le triomphe du thatchérisme, chacun a intériorisé le fait que l'État était le problème, le marché la solution. Face aux

---

65 Le panoptique est un exemple d'architecture carcérale conçue autour d'une tour centrale d'où les gardiens peuvent surveiller les prisonniers sans être vus.

66 Cité dans Olivier Tesquet, *À la trace. Enquête sur les nouveaux territoires de la surveillance*, Premier Parallèle, 2020.

dictatures de l'avant-garde prolétarienne, la liberté était du côté de l'oncle Sam, qui en a profité pour généraliser un despotisme doux par hybridation d'un État tentaculaire et d'oligopoles numériques. La banalisation d'une situation qui n'a rien d'anodin nous renvoie à notre manque de discernement et à ce qu'il faut bien nommer une nouvelle forme d'aliénation participative. À défaut de lutter pour garantir notre droit à l'intimité, nous nous comportons en militants de l'extraversion, véritable fossoyeuse des libertés publiques.

Face à de telles évolutions, il n'y a rien d'étonnant à ce que les promoteurs de la 5G jouent aux petits cachotiers. Zyeuter par le trou de la serrure n'a jamais été très avouable. D'autant que cette dérive est appelée à être généralisée à l'espace public.

Surfant sur un sentiment d'insécurité amplifié par la médiatisation des faits divers, collectivités locales et acteurs privés multiplient les dispositifs captant le son et l'image de tout ce qui se passe dans nos rues. Que cette vidéosurveillance n'ait jamais démontré la moindre efficacité en matière de prévention des agressions et violences ne remet pas en cause les évaluations en cours. Car de fait, l'objectif n'est pas d'éviter un attentat, mais de banaliser le contrôle afin qu'il soit intériorisé par chacun.

Cette collecte de données est appelée à compléter un profil dont certains estiment qu'il sera à même de décrire non pas ce que vous êtes, mais ce que vous serez à l'avenir. De multiples applications sont en cours de test afin de profiler un «suspect» et ainsi anticiper un éventuel passage à l'acte. Les analyses prédictives sont en train de transformer en profondeur notre droit pénal, privilégiant une présomption de culpabilité qui se substituerait à la présomption d'innocence. De nombreuses polices s'appuient désormais sur une multitude de critères supposés objectifs permettant d'identifier un potentiel criminel. Une capuche, une barbe, une attitude «anormale» fait de vous un individu à surveiller.

Avec une prétention divinatoire qui nous renvoie au mieux à la pythie grecque, le big data appréhende l'individu non plus comme un acteur libre de construire sa propre vie, mais comme une suite de 0 et de 1 le conduisant à emprunter un chemin prédéterminé, prisonnier de son histoire, de sa culture et de son milieu social.

En d'autres temps, un petit moustachu antisémite estimait qu'un patrimoine génétique ou une race supposée pure vous classait dans la catégorie des êtres supérieurs ou dans les epsilons indignes de vivre. Est-il excessif de voir dans les options envisagées par Google et certains transhumanistes les prémices d'une dérive eugéniste ? Sachant que certaines filiales d'Alphabet, maison mère de Google, collectent massivement les séquences ADN de millions d'individus, il existe un continuum qui relie l'internet des objets et sa volonté de récupérer toujours plus de données et cette folie inquisitrice voulue par les apprentis sorciers du big data.

En attendant, nous sommes appelés à évoluer dans un vaste studio de cinéma dont nous sommes les héros. Érigée en modèle indépassable par les ultralibéraux de tous les pays, la Chine expérimente grandeur nature la généralisation de caméras de vidéosurveillance avec reconnaissance faciale. Ainsi, 70 % des objets connectés en 5G seraient des caméras contrôlant le respect scrupuleux des normes établies, attribuant à chaque citoyen en liberté conditionnelle une note sociale. En fonction de la docilité dudit camarade, ce dernier se verra offrir la possibilité de voyager, de scolariser ses enfants dans des écoles prestigieuses ou subira l'ire des autorités politiques.

Les thuriféraires de la 5G opposeront facilement le fait que la Chine n'est pas la France. Est-on si sûr de la résilience de notre démocratie face aux aboiements des extrêmes ? Une fois généralisés, ces dispositifs seront à même de surveiller et punir. Et nul ne peut sérieusement croire qu'il sera à jamais du bon côté de la barrière.

UNE FRACTURE QUI COÛTE CHER

Pour paraphraser Maurice Bokanowski, lorsque Orange éternue, ce sont les Gilets jaunes qui s'enrhument. Avec la libéralisation du secteur des télécoms qui était supposée nous apporter monts et merveilles grâce à une concurrence présentée comme vertueuse, s'est fait jour une fracture numérique.

La belle théorie économique de la main invisible du marché n'en finit pas d'étouffer les territoires ruraux, espaces de relégation accueillant des citoyens de seconde zone. Les gestionnaires de biens qui nous gouvernent peinent à prendre la mesure de ce que la fin des services publics signifie en termes de consentement à l'impôt et de solidarité nationale. Lorsque vivre dans un territoire rural ou déclassé suppose une iniquité de traitement, il ne faut plus s'étonner de voir des citoyens à temps partiel faire session.

En droite ligne du verbiage néolibéral des années Chirac, c'est un certain François Fillon, ministre délégué aux Télécommunications, qui a signé une loi dont l'intitulé dit l'inverse de ce qu'elle est… La loi du 26 juillet 1996 de régulation des télécommunications s'est appliquée à déréguler un secteur qui, avec l'énergie, l'éducation et les transports, fut, de longue date, un outil essentiel au service d'un aménagement équilibré du territoire.

Et ce qui devait arriver arriva. Ce service public construit par et pour les citoyens, garant d'une certaine péréquation et d'un égal accès au service des postes et télécommunications s'est progressivement délité sous les coups de boutoir des apprentis sorciers de l'ultralibéralisme triomphant.

Le reflux de l'État providence s'est accompagné d'une atrophie des services publics. Avec pour conséquence un éloignement des tribunaux, la disparition des postes, la fermeture des écoles, le regroupement des maternités… et des citoyens laissés pour compte dont la seule issue était de tourner en rond munis de leur gilet jaune.

À la grande surprise des fossoyeurs des services publics qui font profession d'intermittents du spectacle politicien, le fait de vivre en laissés pour compte de la mondialisation heureuse a produit une colère sourde et irrépressible. Ces petits « riens » qui vont d'une connexion aléatoire à l'impossibilité d'accéder au numéro désormais payant d'un service public ont créé les conditions de cette explosion sociale qui a surpris par son ampleur et sa soudaineté. Ce que d'aucuns ont tenté de réduire à une simple jacquerie sans lendemain en ont été pour leurs frais. La contestation s'est installée dans la durée et est devenue un fait politique.

Mais les œillères des *insiders* du système sont telles qu'elles rendent illisibles le sens caché et le message politique implicite adressé par ces Athéniens d'un jour. Contraint de répondre aux Gilets jaunes, le pouvoir en place n'a pu qu'activer un énième grand débat et tenter d'acheter la paix sociale à coups de primes de Noël. Ce fut le prix à payer par les enfants cachés de Thatcher et Reagan pour sauver l'essentiel, à savoir le détricotage des acquis sociaux édifiés par le Conseil national de la Résistance. Ce détricotage en règle atteint le cœur de la démocratie et la notion même d'égalité. Comment se vivre comme citoyen d'une Nation lorsque la communauté n'offre pas les mêmes droits à tous ? Le service public s'étiole et se monnaie chèrement, bien plus encore pour ceux habitant loin des villes. L'œil rivé sur leurs cours de bourse, les opérateurs rechignent à maintenir une qualité de service optimale et à investir en zone rurale. Lorsque l'usager n'est plus perçu que comme un client, le service public des postes et télécommunications ne tient plus qu'à un fil de cuivre usé.

L'arrivée de la 5G dans les grandes métropoles place les déclassés de tous ordres face à leur sous-développement numérique forcé. Dans quantité de territoires ruraux, la question n'est pas d'accepter ou de refuser la 5G, mais de tenter de maintenir une connexion filaire digne de ce nom.

À la lecture des obligations de couverture édictées par l'ARCEP pour la 5G, cette inégalité de traitement est incidente au système lui-même. Dans un communiqué de presse en date du 21 novembre 2019, l'autorité de régulation écrit qu'elle « prévoit également un mécanisme de concomitance pour s'assurer que les zones non urbaines bénéficieront aussi de ces déploiements. Ainsi, 25 % des sites en bande 3,4-3,8 GHz [installés en 2024 et 2025] devront être déployés dans une zone rassemblant les communes des zones peu denses et celles des territoires d'industrie, hors des principales agglomérations[67] ». Autrement dit, les territoires ruraux attendront. Et c'est sans doute mieux ainsi. Malheureusement, ils ne passent pas seulement à côté de la 5G, mais aussi d'un réseau filaire de qualité et de la fibre optique. À tel point que certains territoires de la République supposée « Une et Indivisible » accèdent à des débits 500 fois inférieurs à ceux que l'on constate dans les principales zones urbaines. Citoyens des champs qui sont néanmoins invités à déclarer leurs impôts et à accéder aux mêmes sites que les citoyens des villes.

Le déploiement du réseau antennaire des quatre principaux opérateurs de téléphonie mobile repose sur une logique de concurrence échevelée entre acteurs économiques dont la motivation première est de satisfaire l'appétit inextinguible des investisseurs et des actionnaires. Raison pour laquelle les plans de déploiement des opérateurs relèvent du secret industriel et que même les élus locaux peinent à les obtenir. Le service public et

67 www.arcep.fr/fileadmin/cru-1608655231/user_upload/53-19-version-francaise.pdf

l'aménagement équilibré des territoires sont, de ce fait, des victimes collatérales. Et comment pourrait-il en être autrement ?

Comme le rapporte Gauthier Roussilhe, « le revenu moyen pour l'opérateur par *square mile* (2,6 km^2) en zone rurale aux USA est de 262 dollars alors qu'il est de 248 000 dollars en zone urbaine. Au Royaume-Uni, on estime que le déploiement de la 5G en zone rurale représentera 79 % des dépenses totales d'investissement pour déployer l'infrastructure dans tout le pays[68]. »

Un acteur économique investira donc en priorité là où ses investissements sont rentables. Cette concurrence libre et non faussée conduira ces acteurs, dans un même mouvement moutonnier, à mener un combat dantesque en multipliant des offres similaires, y compris en termes de standards technologiques, ciblant des zones et des clients identiques. Les grandes agglomérations seront ainsi le terrain d'une rivalité échevelée où le consommateur se verra proposer plusieurs réseaux de téléphonie mobile en 4G ou 5G, la fibre optique et un réseau ADSL optimal.

Au regard du caractère quasi vital d'une connexion de bonne qualité, le fait de laisser le marché s'autoréguler, avec tous les défauts systémiques qui vont avec, a quelque chose de proprement scandaleux. À l'heure où chacun est appelé à télétravailler ou à suivre des cours à distance, la résorption de la fracture numérique, passant par la généralisation de la fibre optique, devrait être la priorité des priorités, bien avant le déploiement d'une 5G réservée à quelques happy few ultraconnectés. Ceux feignant l'indignation face à une situation d'une banalité affligeante sont également ceux qui poussent des cris d'orfraie lorsqu'on ose évoquer le grand retour de l'État, seul à même d'assurer un égal accès au service public.

68 https://gauthierroussilhe.com/pdf/5G-Juillet2020.pdf

TECHNOLOCRATIE

La belle histoire du bidouilleur reclus dans son garage inventant la petite start-up qui part à la conquête du monde relève de la fadaise hollywoodienne. C'est pourtant cette belle fable que les milliardaires de la Silicon Valley ont imposée, cachant par là même l'envers d'un décor moins mirifique. Car avant d'être une addition d'innovations soutenues par des fonds d'investissement brassant des milliards de dollars, les GAFAM sont une machine de guerre modifiant en profondeur notre représentation du monde. Cette Silicon Valley est une centrifugeuse démocratique qui lessive jusqu'à notre capacité à penser le monde qui nous entoure. Imaginée par les enfants gâtés d'une mondialisation supposée heureuse, les Gates, Zuckerberg, Musk, Bezos ou Page ont en commun la détestation de l'État et développent un appareil technico-numérique dont l'ambition à peine voilée est d'éroder les outils qui nous assuraient un vivre-ensemble certes imparfait, mais élaboré par et pour les citoyens.

Ces petits soldats du libertarisme triomphant ne font guère mystère de leur aversion à l'égard de toute forme de régulation. Décomplexés à l'extrême, ils s'estiment dotés d'un destin les conduisant naturellement à dominer le monde. Ils abhorrent l'État et n'appréhendent le bien commun que comme une ressource à monétiser. Ces nouveaux cow-boys à la conquête de l'Ouest numérique répugnent à intérioriser le principe même de limites, vécues comme une oppression insupportable. Dans leur monde, tous les coups sont admis, surtout s'ils permettent de faire émerger une société débarrassée des pesanteurs étatiques. Pour ce faire, ils ont troqué la guerre froide pour une paix chaude, où chaque citoyen est appelé à devenir l'acteur de sa propre aliénation.

La force du modèle siliconien est qu'il ne se présente jamais comme un contre-modèle alors qu'il est en train de bousculer en profondeur notre relation à l'autre, notre façon d'interagir et notre conception même de la démocratie. Tirant les enseignements des vieilles oppositions entre blocs politiques antagonistes, les nouveaux maîtres de l'e-monde ont volontairement décidé de s'affranchir des vieilles règles des États-nations et de ce qu'ils estiment être des pesanteurs surannées.

Ces milliardaires siliconés déploient des trésors d'imagination pour entretenir un nouvel imaginaire dont sont exclus les citoyens, réduits au statut accommodant de consommateurs impénitents. Appréhendant toute relation sociale comme une suite de « 0 » et de « 1 » (généralement convertible en dollars…), ils promeuvent une contre-culture au sein de laquelle chacun est appelé à coconstruire sa prison numérique, seulement libre de définir la longueur de sa laisse électronique. Intuitive et participative, cette aliénation se veut attrayante et gratuite.

Prétendant administrer le monde en l'expurgeant de tous conflits d'ordre politique, la révolution siliconienne est en passe de dissoudre la démocratie dans un bain d'acide numérique. Présupposant que l'action politique est une chose trop sérieuse pour être laissée à l'appréciation de vulgaires citoyens.

L'homme étant un loup pour l'homme, les self-made-men qui aspirent à nous diriger ont déployé une multitude d'applications dont la vocation première est de nous garder de nous-mêmes. Chaque clic, chaque like, chaque requête, chaque information versés dans le vortex 2.0 enrichit notre profil et permet d'anticiper nos réactions et ainsi limiter les erreurs système d'*Homo sapiens*. L'idéologie siliconienne est en cela un antihumanisme, car elle récuse l'idée même que l'homme puisse choisir sa vie en s'émancipant d'influences culturelles, sociales, religieuses, politiques ou technologiques. Or, pour éviter les morsures du loup, la muselière numérique, pour virtuelle qu'elle soit, n'en est pas moins solidement attachée à nos mâchoires. Ces libertariens plaident ainsi pour une liberté conditionnelle, une société dans laquelle nous serions seulement libres de ne pas l'être. Pire, nous serions formatés pour accepter une liberté soumise aux conditions générales d'utilisation définies par les GAFAM. Ou comment la rencontre de Big Brother et de BiGoogle a enfanté le big data.

Ce que confirme Éric Sadin en ces termes : « Désormais, "l'innovation" numérique, cette nouvelle idole de notre temps, modifie et façonne selon sa mesure et sans débat public le cadre de la cognition, mais surtout celui de l'action humaine, ou de ce qu'il en reste. Mouvement industriel qui affaiblit la possibilité de l'action politique, entendue comme l'implication volontaire et a priori libre des individus à contribuer à l'édification du bien commun[69]. »

Exécrant l'enfant des Lumières, libre et de bonnes mœurs, mais source d'incertitudes et d'alternances politiques, le monde numérique souhaite éradiquer deux siècles de frictions démocratiques. Pour arriver à cette société atomisée et apolitique qu'il chérit et à cette fin de l'histoire que Francis Fukuyama a théorisée voilà plus de trente ans, les enfants terribles du far web ont dû patiemment déconstruire le cadre politique, spatial et temporel où s'écrit l'histoire des peuples. Préférant le coup d'éclat permanent au trop voyant coup d'État, les libertariens ont stimulé nos pulsions consuméristes et nos envies de paraître. Chacun est ainsi appelé à se vivre tel un surmoi en toute impuissance, embrassant la rivalité ostentatoire comme mode opératoire détruisant la notion même de « vivre-ensemble ».

---

69 Éric Sadin, *La Silicolonisation du monde. L'irrésistible expansion du libéralisme numérique*, L'Échappée, 2015.

De surcroît, l'industrie du numérique a conduit à dilater l'espace et à contracter le temps. Pour Dominique Boullier, « les interfaces sont toutes conçues pour capter l'attention à répétition, à rythme élevé, à haute fréquence. Être en alerte à toutes les notifications, c'est nécessairement faire s'effondrer les capacités de hiérarchisation des sujets et des propositions, c'est perdre toute réflexivité pour sombrer dans une réactivité euphorisante. » Avant d'ajouter : « L'épuisement de nos ressources attentionnelles et le réchauffement médiatique sont eux aussi des catastrophes collectives encore plus difficiles à percevoir, car ce sont nos dispositifs pour penser qui sont en cause[70] ».

Mondialisation et accélération sont les deux entités d'une même pièce de théâtre où se joue l'implosion du cadre démocratique. De fait, nul n'est désormais en mesure de contrôler les innovations imposées par les partisans de ce nouveau despotisme doux. Qui a décidé de louer une bonne partie de nos centres-villes à la journée ? Qui a décidé d'ubériser notre économie ? Qui a décidé que nos jours et nos nuits, nos samedis et dimanches seraient dédiés au clic and collect ? Qui a décidé que nous mobiliserions une grande partie de notre temps de cerveau disponible à admirer des vidéos de chats ? Qui a accepté de son plein gré d'être traqué, surveillé et manipulé par quelques milliardaires juvéniles ? Personne, et c'est bien là où réside le problème démocratique posé par cette nouvelle « technolocratie ».

Nos villes seront ainsi prochainement appelées à devenir des *smart cities*, fluidifiées à grands coups d'algorithmes, dont sera proscrit l'aléatoire. Dans ce monde sous contrôle et vidéosurveillé, chacun de nos gestes devra être conforme aux prévisions. Les premiers essais de villes « intelligentes » ressemblent surtout à un parc d'attractions où le foisonnement de la vie vivante est

---

70 Dominique Boullier, *Comment sortir de l'emprise des réseaux sociaux*, Le Passeur, 2020.

proscrit, sacrifié sur l'autel de l'efficacité maximale. Dans ce genre de villes factices, les trains arrivent toujours à l'heure, les gens sont aimables, souriants, et les terroristes vivent sous d'autres cieux, arrêtés avant même qu'ils aient pensé à mal. C'est la victoire du déterminisme social et du contrôle absolu.

Dans un même mouvement d'institutionnalisation du caprice généralisé, l'usager remplacera le citoyen et les élus locaux s'en remettront à Airbnb, Uber ou Google pour gérer et surtout prédire les flux de toutes sortes. Comme l'analyse Jean Haëntjens, « l'une des fonctions majeures des villes, c'est l'intermédiation, leur capacité à faire se rencontrer des offres et des demandes qui concernent à la fois des produits, des services, des locaux, des emplois, des idées ou des liens sociaux. [...] Les plus belles réussites de l'économie numérique ont prospéré sur l'intermédiation entre les individus (les réseaux sociaux) ou entre les services urbains et des consommateurs (le logement avec Airbnb, la mobilité avec Uber ou Blablacar). Ce sont les algorithmes, nourris par des données, qui réalisent cette intermédiation avec une efficacité redoutable. Au départ, ils se sont contentés de faire correspondre des offres et des demandes spontanées, puis ils sont devenus prédictifs, capables d'anticiper les attentes d'un client en analysant ses commandes antérieures ou ses données personnelles[71]. »

Avec la même logique parasitaire qui a fait le succès de Google, quantité de start-up cherchent à se positionner entre les élus et les citoyens afin de collecter le maximum de données grâce à la géolocalisation des utilisateurs en vue d'accoucher d'une démocratie locale 2.0, supposée plus efficiente car expurgée de toutes aspérités. Avec une prétention quasi démiurgique, le big data est en passe d'inventer, sous couvert d'innovations

71 Jean Haëntjens, *Comment les géants du numérique veulent gouverner nos villes. La Cité face aux algorithmes*, Rue de l'échiquier, 2018.

technologiques, toujours présentées comme un progrès incontestable car indiscuté, une *smart city* au sein de laquelle élus et citoyens ne seraient plus que des robots prédestinés, optant pour une pantomime sans surprise, enjoints à se conformer aux prévisions d'un monde numérique supposé anticiper nos moindres faits et gestes. Exécrant l'incertitude, source d'imprévus, la ville numérique fait partiellement sien l'aphorisme de Winston Churchill selon lequel « la démocratie est le pire des systèmes », oubliant la seconde partie de la citation, *« à l'exclusion de tous les autres »*... La *smart city* est une ville où les questions de logement, de transports, de loisirs, de culture ou de sécurité sont déléguées à des entreprises qui inscrivent au frontispice de nos mairies et écoles un nouveau triptyque républicain : efficacité, rentabilité, inhumanité.

Partant du constat partagé que notre démocratie s'assèche faute de citoyens engagés et d'élus désintéressés, la ville de demain, stimulée à grands coups d'algorithmes et d'antennes 5G, va amplifier le processus de dévitalisation démocratique en promouvant un confort douillet maternant et infantilisant. Surveillés pour notre supposé bien commun, nous entrons dans un monde à responsabilité limitée où le contrôle numérique nous prive d'une dimension fondamentale de l'être humain, la liberté de faire ou de ne pas faire. L'éthique de la responsabilité présuppose pourtant que nous soyons libres d'agir et de conduire notre vie tel que nous le souhaitons. Au nom d'une conception frelatée de l'efficacité économique, certains acteurs privés s'apprêtent ainsi à définir nos façons de nous déplacer, de consommer, de nous rencontrer, avec qui, où, quand et comment.

La logique qui prévaut dans cette mise sous tutelle du numérique de nos villes et de nos vies est que l'homme, imparfait par nature, ne serait pas apte à s'amender. La prison numérique qui se dessine se fonde ainsi sur un antihumanisme viscéral.

Cet aveu d'échec en dit long sur l'image dépréciée que se fait l'industrie du numérique de l'homme en général et la démocratie en particulier.

Les promoteurs de la 5G nous invitent, rien de moins, à accélérer et amplifier cette mise sous tutelle de notre vie démocratique. Mieux, ces aficionados du progrès technocratique présentent la 5G comme la pierre angulaire de cette postdémocratie numérique. À l'évidence, ce changement de paradigme ne peut s'opérer avec les outils conceptuels de la démocratie. On ne se défait pas des oripeaux du vieux monde par le débat puis le vote. De ce fait, il y a une certaine logique à refuser la confrontation des idées en amont de la généralisation de la 5G, soit en usant de la caricature et de l'invective, soit en optant pour de fausses concertations. Comme l'évoquent Yaël Benayoun et Irénée Régnauld, « si les dispositifs [de concertation] se multiplient, leur impact réel reste trop faible. La plupart sont déconnectés des centres de décisions et tournent à vide. Les délibérations ne sont alors que des leurres démocratiques. Elles portent sur des décisions déjà prises à l'avance et interviennent trop tard – ou trop tôt – dans l'avancement du projet discuté, quand les avis des citoyens ne sont tout bonnement pas évacués lorsqu'ils contredisent les attentes des commanditaires[72] ».

Entrer dans cette ère postdémocratique est ainsi présenté comme une évidence, un progrès que seuls quelques amish récuseraient.

72 Yaël Benayoun, Irénée Régnauld, *Technologies partout, démocratie nulle part. Plaidoyer pour que les choix technologiques deviennent l'affaire de tous*, FYP, 2020.

AMISH DE TOUS LES PAYS...

Les amish anonymes regardent le progrès avec circonspection. Marginalisés volontaires dans un océan d'innovations, ils aiguisent jour après jour leur esprit critique et questionnent le monde et ses mille et une « normalités ». Avec un objectif : que le progrès soit au service d'un bonheur partagé et non une fin en soi. Mieux, que toute innovation fasse l'objet d'un crash test démocratique.

À mille lieues de cela, notre époque bannit avec mépris les empêcheurs d'aliéner en rond, excommuniant quiconque aurait la prétention d'interroger le sens de ce progrès devenu fou. Mais la centrifugeuse mène la danse et le syndrome du lapin blanc d'*Alice aux pays des merveilles* oblige à se solidariser avec un système vacillant ou accepter une certaine forme d'exclusion symbolique.

Les errements de notre monde numérisé mériteraient pourtant plus d'attention. D'autant que les acteurs, qu'ils soient étatiques ou économiques, mus par l'avidité et une idéologie nihiliste, s'apprêtent à brader deux mille ans d'histoire et de culture. Ce qui est en jeu avec la 5G n'est pas simplement l'arrivée d'un nouveau standard de communication, mais un pas de plus vers l'abîme climatique et la déshumanisation du monde.

La 5G est une fuite en avant, une énième dérive dans un monde qui postule que le progrès est nécessairement bénéfique et l'accélération la condition de son acceptation. Toute technologie qui accroît le rythme et nous donne l'illusion de gagner la course est par principe perçue comme positive. Les tenants de cette fuite vers le chaos nous somment d'être *en marche.* Chaque élection est une injonction au changement. De ce fait, nulle possibilité d'interroger le sens de ce progrès. L'arrêt, c'est la mort ; la recherche du temps perdu, un temps mort.

La 5G n'est finalement qu'une pierre de plus apportée à l'édifice d'une mondialisation supposée heureuse faite d'homme augmenté, d'intelligence artificielle et de systèmes d'exploitation. Rien d'étonnant à constater que les promoteurs de ce feu roulant d'innovations sont les mêmes que ceux plaidant depuis des lustres pour la singularité technologique, moment bien particulier de l'Histoire au-delà duquel la machine est supposée s'émanciper de la nature humaine, l'intelligence artificielle dépassant celle de cette « machine » dysfonctionnelle que fut *Homo sapiens sapiens.*

Car ce qui sous-tend l'ensemble de ces innovations relève d'une seule et même volonté d'atteindre une certaine forme de perfection à laquelle seule la machine pourrait prétendre. La puissance de calcul de l'informatique alliée aux avancées de la génétique nous conduit tout droit vers un meilleur des mondes au sein duquel primerait l'efficacité absolue de la machine, écrasant par là même l'insoutenable faillibilité de l'être humain.

Versant dans l'hubris, les tenants de la *start-up nation* plaident pour un modèle de société artificialisée au plus haut point. Ceux-là mêmes qui ne cessent de rappeler que l'objet premier de toute éducation est de stimuler l'esprit critique afin de produire un homme libre de conduire sa vie sont les principaux instigateurs d'une modernité corrompue. Ils exècrent au plus haut point la fragilité de l'humain, version bêta d'une prochaine hybridation d'un *sapiens* 2.0.

Sans l'assumer pleinement, les pourfendeurs d'amish nous conduisent benoîtement vers une société dont l'allégeance à la technologie est un prérequis, la condition nécessaire et indispensable à l'édification d'un surhomme débarrassé des oripeaux moisis de cette humanité condamnée à une obsolescence programmée qu'ils exècrent. S'en émanciper revient à prendre le risque du bannissement d'antan.

Mais cet unilatéralisme technoscientifique est peut-être aujourd'hui notre seule chance d'échapper à ce rouleau compresseur. Refuser la 5G et son monde, loin de constituer un sacrifice, doit être vécu comme une libération. Recouvrer son aptitude à penser le monde et diriger sa vie est sans doute ce qu'il nous reste de plus précieux à sauvegarder. C'est ce qui nous distingue et nous distinguera toujours des dieux antiques et des tenants du transhumanisme. Mortels nous sommes. Mortels nous resterons. En assumant notre caractère périssable, nous densifions la vie sans espérer qu'advienne une nouvelle forme de syncrétisme 2.0. Face à ce meilleur des e-mondes, nous n'avons d'autre choix que celui de revendiquer notre imperfection d'être fini.

BOYCOTTER LA 5G

Amplification de l'impact climatique, prédation sur les ressources et terres rares, augmentation de notre exposition aux champs électromagnétiques, surveillance généralisée, démocratie vacillante… La longue liste des critiques adressées à l'endroit de la 5G mérite une opposition déterminée. Face au rouleau compresseur des lobbies du numérique et de leurs porte-paroles « démocratiquement » élus, nous n'avons d'autre choix que celui de lutter pour nous affranchir de cette oppression insidieuse.

Face au solutionnisme technologique qui postule qu'un problème politique ne peut être réglé qu'en déployant une mise à jour technologique induisant elle-même d'autres problèmes politiques, nous devons réapprendre à goûter à cette liberté des Lumières, à nous émanciper des *systèmes d'exploitation* et autres aliénations, qu'elles soient religieuses, familiales, culturelles et désormais technologiques. Vivre libre, c'est renoncer à ces nouveaux bracelets électroniques, c'est résister aux facilités du « tout, tout de suite », c'est goûter aux joies de l'incertain et de l'inconnu.

Pour ce faire, plusieurs leviers sont à notre portée. Individuellement et collectivement, nous pouvons agir en ciblant les décideurs politiques et les acteurs économiques. Ceux-ci demeurent sensibles à la mobilisation citoyenne. En grattant le vernis d'un mépris dont ils sont coutumiers, les responsables politiques, surtout à l'approche des élections, savent déceler les alertes émises par des citoyens. En tant que parents d'élèves, consommateurs, travailleurs, vacanciers ou résidents, il faut bannir l'autocensure et saisir toutes les occasions d'interpeller les élus locaux, les parlementaires et même y aller d'un petit commentaire sur la page Facebook ou Twitter d'un membre du gouvernement. Ces bouteilles à la mer ne sont jamais vaines car elles créent un climat et rappellent à qui de droit que nous avons de la mémoire et saurons nous souvenir des décisions précipitées prises sous l'influence des lobbies. Par habitude ou méconnaissance du fonctionnement étatique, nous avons trop souvent intériorisé le fait que les responsables politiques seraient par nature inaccessibles. Il n'en est rien et nous devons, a contrario, nous rappeler au bon souvenir de celles et ceux qui président aux destinées des citoyens qui ne peuvent se résumer à une masse de consommateurs impénitents.

Loin du gentil colibri tentant vainement d'éteindre l'incendie, nous devons être le grain de sable bloquant la machine folle d'un productivisme destructeur. En activant toutes et tous nos gènes de résistance, nous pouvons arracher des moratoires locaux. Quantité de maires sont sensibles aux arguments défendus par les opposants à la 5G, mais demeurent démunis lorsqu'il s'agit d'adopter un moratoire local. Ils sont pourtant nombreux à plaider pour une telle interdiction. Aidons-les à passer des discours aux actes. Chaque mairie peut, en tant que propriétaire de bâtiments ou terrains communaux, refuser l'installation d'antennes. Elle peut également remettre en question les concessions la liant aux opérateurs ou menacer ceux-ci de ne pas renouveler les baux signés. Nombre de collectivités ont réussi à arracher à des opérateurs intransigeants une baisse des niveaux d'exposition des riverains d'antennes relais, une transparence plus importante, des plans de déploiement ou des évaluations des niveaux d'exposition engendrés par de futures antennes. Les opérateurs seront d'autant plus sensibles aux demandes des édiles que la 5G va nécessiter un maillage antennaire dense constitué de nouveaux sites comme les abribus, l'éclairage public ou les bouches d'égout – sites gérés en général directement par les villes ou des organismes au sein desquels la collectivité est partie prenante. De ce fait, les opérateurs seront « naturellement » plus enclins à entendre les demandes formulées par les élus.

En tant que consommateurs, nous pouvons également boycotter la 5G en refusant la facilité d'un portable acceptant ce nouveau standard. Loin d'un acte isolé, ce boycott peut prendre la forme d'un engagement actif, passant par une interpellation régulière des opérateurs. Chacun peut ainsi appeler les services consommateurs afin de faire entendre la petite voix d'une résistance à la 5G. Mille et une actions sont possibles, comme refuser le prélèvement automatique et opter pour un paiement par chèque, en fractionnant ce paiement en plusieurs chèques, en découpant le bas du chèque pour limiter un traitement informatisé et automatisé. Il est également possible de joindre à chaque paiement un courrier à l'attention du service consommateur. Autre acte simple à mettre en œuvre : éteindre sa box lorsqu'elle n'est pas utilisée, notamment la nuit. Ce geste permet tout à la fois de réduire sa facture énergétique tout en évitant de participer à l'édification d'un réseau constitué de petites antennes individuelles.

En tant que riverain d'une antenne relais, vous avez la possibilité de saisir l'ANFR afin de faire mesurer le niveau de champs électromagnétiques auquel vous êtes exposé.

Après des décennies à subir l'influence de Windows, l'heure est venue de l'ouvrir en acceptant de vivre les choses autrement qu'au travers d'un écran. Empêcher que des enfants, et souvent des bébés, ne sombrent dans une addiction précoce est une mesure de salubrité publique. Nous devons, de toute urgence, prendre conscience que l'exposition des enfants au numérique est une nouvelle forme de maltraitance qui aura une incidence réelle sur leur développement émotionnel. Enfin, pour nous tous, il est urgent de programmer une vaste cure de désintoxication au numérique. Les accros à l'écran se comptent par centaines de millions, mais refusent encore trop souvent de l'admettre : le numérique est une drogue dure.

REMERCIEMENTS

L'engagement militant est parfois âpre, quelquefois ingrat, souvent exaltant. Il arrive également que cet engagement nous fasse rencontrer des gens d'exception. Par son intégrité, son abnégation et sa rigueur, Jeanine Le Calvez, fondatrice de Priartem, est l'une de ces pépites qui font du militantisme une source d'inspiration. Je tiens ici à la remercier ainsi que Sophie Pelletier qui a pris, à sa suite, la présidence de cette association. Dans ce club des *drôles de dames*, Marie-Jeanne Husset, présidente d'Agir pour l'Environnement, par sa disponibilité et son humanité, mérite également mille remerciements et bien plus encore.

Chaque jour, des gens souffrent, se lèvent et s'engagent contre la 5G et son monde. Sans eux, sans elles, l'espoir s'éteint. Qu'ils soient ici remerciés de faire vivre une opposition légitime et salutaire. Je tiens également à remercier nos avocats François Lafforgue et Hermine Baron du cabinet TTLA pour leur accompagnement et leurs conseils toujours judicieux.

Comment ne pas évoquer Orange, SFR, Free et Bouygues Telecom dont l'entêtement, la suffisance et le mépris justifient pleinement notre détermination. C'est un peu grâce à eux que ce livre existe. Qu'ils n'en soient pas ici remerciés…

BIBLIOGRAPHIE

Rapports

ANSES, *Exposition de la population aux champs électromagnétiques liée au déploiement de la technologie de communication « 5G » et effets sanitaires associés,* rapport d'expertise collective préliminaire, octobre 2019, https://www.anses.fr/fr/system/files/AP2019SA0006Ra.pdf

ANSES, *Expositions aux champs électromagnétiques liées au déploiement de la technologie de communication « 5G » et effets sanitaires éventuels associés,* rapport d'expertise collective, mars 2021, https://www.anses.fr/fr/system/files/AP2019SA0006_Rapport_5G_consultation.pdf

Commission de l'aménagement du territoire et du développement durable, rapport d'information sur l'empreinte environnementale du numérique, juin 2020, www.senat.fr/rap/r19-555/r19-5551.pdf

Convention citoyenne pour le climat, *Les Propositions de la Convention citoyenne pour le climat,* janvier 2021, www.lecese.fr/sites/default/files/pdf/Convention/ccc-rapport-final.pdf

Haut Conseil pour le climat, *Déploiement de la 5G en France : quel impact sur la consommation d'énergie et l'empreinte carbone ?,* décembre 2020, https://www.hautconseilclimat.fr/wp-content/uploads/2020/12/rapport-5g_haut-conseil-pour-le-climat_etude-exterieure.pdf

Gauthier Roussilhe, *La Controverse de la 5G*, juillet 2020, https://gauthierroussilhe.com/pdf/5G-Juillet2020.pdf

The Shift Project, *Déployer la sobriété numérique*, rapport intermédiaire, janvier 2020, https://theshiftproject.org/wp-content/uploads/2020/01/2020-01-16_Rapport-interm%C3%A9diaire_D%C3%A9ployer-la-sobri%C3%A9t%C3%A9-num%C3%A9rique_v5.pdf

Ouvrages

Yaël Benayoun et Irénée Régnauld, *Technologies partout, démocratie nulle part. Plaidoyer pour que les choix technologiques deviennent l'affaire de tous*, FYP, 2020.

Nicolas Bérard, *5G mon amour. Enquête sur la face cachée des réseaux mobiles*, Le Passager clandestin, 2020.

Cédric Biagini, *L'Emprise numérique. Comment internet et les nouvelles technologies ont colonisé nos vies*, L'Échappée, 2012.

Cédric Biagini, Guillaume Carnino et Célia Izoard, *La Tyrannie technologique. Critique de la société numérique*, L'Échappée, 2007.

Philippe Bihouix, *L'Âge des low tech. Vers une civilisation techniquement soutenable*, Seuil, 2014.

Philippe Bihouix et Karine Mauvilly, *Le Désastre de l'école numérique. Plaidoyer pour une école sans écrans*, Seuil, 2016.

Sébastien Bohler, *Le Bug humain. Pourquoi notre cerveau nous pousse à détruire la planète et comment l'en empêcher*, Robert Laffont, 2019.

Frédéric Bordage, *Sobriété numérique. Les clés pour agir*, Buchet-Chastel, 2019.

Dominique Boullier, *Comment sortir de l'emprise des réseaux sociaux*, Le Passeur, 2020.

Céline Cabourg et Boris Manenti, *Portables, la face cachée des ados*, Flammarion, 2017.

Michel Desmurget, *La Fabrique du crétin digital. Les dangers des écrans pour nos enfants*, Seuil, 2019.

Antoine Dreyfus, *5G, mauvaises ondes*, Massot éditions, 2021.

Marc Dugain et Christophe Labbé, *L'Homme nu. La dictature invisible du numérique*, Pocket, 2017.

Earth First !, *Manuel d'action directe*, Éditions Libre, 2019.

Stéphane Foucart, *La Fabrique du mensonge. Comment les industriels manipulent la science et nous mettent en danger*, Gallimard, « Folio actuel », 2014.

Stéphane Foucart, Stéphane Horel et Sylvain Laurens, *Les Gardiens de la raison. Enquête sur la désinformation scientifique*, La Découverte, « Cahiers libres », 2020.

Arthur De Grave, *Start-up nation, overdose bullshit. Parce que c'est notre projet*, Rue de l'échiquier, 2019.

Jean Haëntjens, *Comment les géants du numérique veulent gouverner nos villes. La Cité face aux algorithmes*, Rue de l'échiquier, 2018.

Stéphane Horel, *Lobbytomie. Comment les lobbies empoisonnent nos vies et la démocratie*, La Découverte, 2018.

Éric La Blanche, *Colère ! Contre les responsables de l'effondrement écologique*, Delachaux et Niestlé, 2020.

Corinne Lepage et Christian Huglo, *Nos batailles pour l'environnement. 50 procès, 50 ans de combats*, Actes Sud, 2021.

Bruno Patino, *La Civilisation du poisson rouge. Petit traité sur le marché de l'attention*, Grasset, 2019.

Guillaume Pitron, *L'Enfer numérique. Voyage au bout d'un like*, Les Liens qui libèrent, 2021.

Guy Pujolle, *Faut-il avoir peur de la 5G ? Tout savoir sur le réseau de demain*, Larousse, 2020.

Éric Sadin, *La Silicolonisation du monde. L'irrésistible expansion du libéralisme numérique*, L'Échappée, 2015.

Olivier Tesquet, *À la trace. Enquête sur les nouveaux territoires de la surveillance*, Premier Parallèle, 2020.

Olivier Tesquet, *État d'urgence technologique. Comment l'économie de la surveillance tire parti de la pandémie*, Premier Parallèle, 2021.

Sherry Turkle, *Seuls ensemble. De plus en plus de technologies de moins en moins de relations humaines*, L'Échappée, 2015.

Éric Vidalenc, *Pour une écologie numérique*, Les Petits Matins, 2019.

Shoshana Zuboff, *L'Âge du capitalisme de surveillance*, Zulma, 2020.

Périodiques et sites

« Déboulonnons la 5G », *L'Âge de faire*, n° 156, novembre 2020.

« Le numérique, son monde… et nous », *Revue Silence*, n° 498, avril 2021.

« Numérique responsable », *Kaizen* en partenariat avec Zenika, hors-série, décembre 2020.

« Menons la bataille de la 5G », *Fakir*, juillet 2020.

Priartem : www.priartem.fr

Agir pour l'environnement : www.agirpourlenvironnement.org

The Shift Project : https://theshiftproject.org

Le Mouton numérique : https://monton-numerique.org

Signez la pétition contre la 5G sur www.stop5G.fr

Boycottez la 5G sur www.boycott5G.fr

Stop à la 5G en Suisse sur www.stop5G.ch

Stop à la 5G en Belgique sur www.stop5G.be

TABLE

Green-bashing p. 5
Far web : l'assaut de l'e-monde p. 11
Le mobile… du crime p. 19
Chaud *must go on* ? p. 25
Orange, ô désespoir p. 33
Experts sous influence p. 39
E-norme p. 47
Tchermobile p. 51
DAS *ist nicht gut* p. 55
Mobile homme p. 59
Fakebook… p. 69
Inspecteurs gadgets p. 75
Petit conseil p. 79
Dialogue de sourds p. 85
Bouygues Brother is watching you p. 91
Une fracture qui coûte cher p. 97
Technolocratie p. 101
Amish de tous les pays… p. 109
Boycotter la 5G p. 113
Remerciements p. 117
Bibliographie p. 119

Conception graphique et mise en pages
Thierry Sestier

Relecture
Cyril Léclaircie et Nolwenn Veillard

Édition
Thomas Bout

Le papier de cet ouvrage est composé de fibres naturelles,
renouvelables, recyclables et fabriquées à partir de bois provenant
de forêts gérées durablement.

N° d'impression : 28861

Imprimé en France sur les presses d'Evoluprint à Bruguières, France, en novembre 2021